成功確率が格段に
上がる

起業の準備

KUROISHI KENTARO
黒石 健太郎

かんき出版

はじめに

――起業は難しい。ただ、「難しい」を乗り越える、シンプルな「準備の型」がある

本書は、「楽して稼げる方法」や「誰でも簡単に起業できる方法」を伝えるものではありません。

「起業は難しいもの、簡単に成功はしないもの」ということを前提とした上で、それでも**「誰もが破産せずに早めに成功へ至るための、シンプルな準備と段取り」**をまとめた本です。

多くの人が、楽して稼げる方法を期待しているにもかかわらず、なぜ、その方法を語らないのか？　それは、皆さんも薄々気づいている通り、そんなものは存在しないからです。

では、なぜ、楽して稼ぐことが難しいのでしょうか？

いっとき、「簡単に稼げる」と言われていた「転売・せどり」を通じて、考えてみたいと思います。

「メルカリで安く仕入れて、ヤフオクで高く売れれば簡単に稼げる」

そんな言葉を鵜呑みにしてはじめた転売で、継続的に稼げた人は、ほとんどいません。

理由は簡単です。誰もが情報を閲覧できるインターネットの世界では、激しい競争を通じて、価格の差が時間と共に埋まってしまうからです。

2013年にメルカリがリリースされてから数年間は、相場価格を知らない人が、本来は中古価格でも10万円程で売れるブランド物のバッグを、3万円くらいで販売していることがありました。そのバッグを3万円で仕入れ、ヤフオクなどで本来の10万円で販売すれば、差額の7万円が利益になります。実際、この方法でかなりのお金を稼いだ人もいます。しかも、暇なときにメルカリを見るだけで、安い商品を見つけることができ、仕入れにかかる時間も少なく済みました。

しかし、しばらくすると、「メルカリでブランド物のバッグを仕入れてヤフオクで売ると稼げる」と多くの人が知って、取り組みはじめます。結果、メルカリを1日1回チェックするだけでは、他の人に買われてしまい、仕入れることができなくなったのです。

さらに時間が経って、「いい商品はメルカリに出品されて10分以内に見つけないと買われてしまう」と言われるようになり、いつもメルカリに張り付いていないと仕入れができない程になりました。

今では、メルカリを常時ウォッチする自動システムを開発する人も出てきて、本来売れる価格よりも安く出品された商品は、自動購入システムを使って○・数秒で購入されるほどにまで至っています。

これでも、「転売は楽して稼げる」でしょうか？

当然ながら、楽して稼ぐことはできません。にもかかわらず巷《ちまた》には、「転売で稼げますよ」「こうすれば稼げますよ」という怪しい情報が出回っています。

しかし、ここまで述べたように、「こうすれば稼げる」と教えられるようになっている時点で、すでに競争過多であり、実際には稼げない情報がほとんどとなっているのです。

うーん……。起業は難しい……。そう感じませんか？

起業を難しくする3つの背景があります。

それは、

・ビジネスには競争がある
・世の中は変化し続ける
・未来は誰にもわからない

です。

過去に稼げていた事例をいくら学んだところで、ビジネスには競争があり、世の中は変化し続けます。また、コロナショックで多くの飲食店が危機に瀕したように、巨大な市場が急になくなることもあります。

でも、本書を手に取っている私たちにとって幸いなことは、この背景に気づくことができていることです。すでに気づいているのであれば、競争がある前提で、また世の中は変化し続ける前提で、さらには未来は誰にもわからない前提で、それでも**破産せずに、できる限り早く成功に至る準備をしていけばいい**だけです。

私はこれまで10年、ＷＩＬＬＦＵという「起業の学校」を運営しています。サイバーエージェントの藤田晋氏やＬＩＦＵＬＬの井上高志氏など、計10社の上場起業家や投資家に出資・サポートを頂き、４０００人超の受講生と向き合ってきました。

起業の学校へ相談に来られる方が、口を揃えて言うのは、「私も起業して本当に成功できますか？」ということです。

その問いに対して、ほとんどの起業支援会社は、「あなたも成功できます。誰でも、やれば成功できる型があります」と回答することが常識のようです。起業関連の書籍を見ても、「誰でも起業できる」「楽して稼げる」という言葉のオンパレードになっています。

でも私たちは、そんなことは言いません。

「そう簡単には、成功できないと思います。起業の学校を受講すれば成功できると思っている時点で甘いと思います」と伝えます。

私たちの学校は、「起業は難しい」「簡単には成功しない」という前提に立った上で、それでも成功確率を上げていくには、どんな準備を進めるべきか、どんなレベル感で取り組むべきかをシンプルに伝えています。

結果、受講された方が口を揃えて言うのは、「想像以上に、大変だった」「レベルが高かった……」という言葉です。

ただ、「大変だったけど、やり切った結果、事業が形になった」「退職しても生きていけるようになった」などの嬉しい言葉も頂きます。


一方で、こんなことを言う人がよくいます。

「私は起業アイデアを出すのは得意。ただ売る力がない。マーケティング、コピーライティング、営業の力さえ学べれば成功できる」

こういう人の多くは、失敗します。


そもそも、『売れる』レベルのアイデアであれば、売り込まなくても売れています。もし「売れていかないような価値がないアイデア」なら、営業力で押し売りしたところで、悪い口コミが広がってすぐに潰れます。そして、押し売りしても、リピート率が低いが故に、収益率が高まらなくて儲かりません。

人は、自分が見たいように社会を見てしまうものです。「**自分のアイデアは正しい。なのに、伝わってないから売れないだけ**」と、**捉えている方が一定数います。**

本書では、そのように現実を自分に都合がいいように歪曲して解釈してしまう人間の特性に対して真正面から「違う」とお伝えし、現実的に起業できるシンプルな準備と段取りをまとめています。

ぜひ、皆さんが、本書で起業の現実を正確に把握し、成功への第一歩を踏み出すことを楽しみにしています。

黒石 健太郎

第1章 起業するなら、失敗を前提にした準備を

第2章

90日で起業する

第3章 検証から完全独立へ

第4章 それでもあなたは、起業しますか？

◎ブックデザイン　山之口正和＋齋藤友貴（ＯＫＩＫＡＴＡ）
◎ＤＴＰ　ニッタプリントサービス
◎校正　鷗来堂

第1章

起業するなら、失敗を前提にした準備を

最初に、「なぜ起業に準備が必要なのか」を考えていきたいと思います。

例えば、大手学習塾で塾講師をしてきた人が、子育て世代が多く住む住宅地の駅前で学習塾を立ち上げるとします。

皆さんは、この起業が成功すると思いますか？　失敗すると思いますか？

一見、実績ある専門家が、明確に存在する市場で起業・独立するのであれば、簡単に成功するように見えるかもしれません。

しかし、現実には成功するかもしれないですし、失敗するかもしれません。

出店する駅前に、強い大手の競合が出店しているかもしれませんし、見つけづらい個人経営の強い競合塾があるかもしれません。

子どもが安心して行きやすい場所か、訴求力が強い看板になっているか、広告宣伝が最適な形で行われるのか、価格が妥当か、初期顧客が集まりやすい時期に開業できるか……

他にも、もっといろいろな要素に影響を受けます。

起業活動は、どこまで考え抜いても考えきれないほどの変動要素がたくさんあるのです。

当然ながら、起業するのであれば、考えるべきポイントを押さえた上で立ち上げていくはずです。ただそれだけでは足りず、想定し得ないことも含めたすべての要素が噛み合って、はじめて成功は生まれます。そのため、いくら考え抜いたとしても、すべてを予見することはできません。

つまり、**成功するか失敗するかは、結局やってみないとわからない**のです。

巷には、起業の成功話が溢れています。起業関連の書籍を読んでも、起業家の講演に行っても、起業家を讃えるテレビを見ても、どこでも成功者の話ばかりが語られています。

では、そこで語られていることを真似すれば成功できるかというと、そんなことはありません。

1カ月時期がずれるだけでも前提条件が変わるため、うまくいくかどうかは変わります。**成功した人と失敗した人に、どれだけ大きな違いがあるのかというと、一見ほとんど違いがないケースも多くある**のです。

実際、私が運営する起業の学校でも、同じような事業モデル、同じような起業アイデアで事業を立ち上げる方が複数いることがあります。ただ、仮に10人が同じ事業を立ち上げた場合、成功する人が3人、失敗する人が7人いるのが現実です（失敗した7人の方も、事業内容や施策を変えることで、最終的には収益化に至ることが多いです）。

つまり、事業が成功するか失敗するかは、事前に想定できるような、起業アイデアや事業モデルだけでは決まらないのです。だからこそ、**大事なのは「失敗を前提とした準備」**です。

そこで、起業前に取り組みたい「13の準備」をメンタル編、健康編、知識編という3つの観点で紹介します。

「失敗したら死ぬ」環境は、精神的に厳しく、失敗する確率も上がります。そこで、まずは気楽な起業環境の準備からしていきましょう。

1 メンタル編……気楽な起業環境の準備から

準備1 会社を辞めず、働き続けながらはじめる

もし、先ほどの例で述べた学習塾講師の方がいきなり退職し、退職金を物件の頭金や内装費用に使ってしまったらどうなるでしょう？　最初の1年間、まったくお客さまがつかず、赤字の中で試行錯誤を繰り返す日々は、大変なストレスになりそうだと感じませんか？

特に、生徒からの評判が売上を大きく左右する学習塾という事業の場合、合格実績を基に口コミが広がり、売上がしっかりつくようになるまで、2、3年かかることさえあります。

その間、ストレスや焦りによる過労から、精神的にも肉体的にも身体を壊してしまう可能性すらあります。はたまた、起業を途中で諦めてしまう可能性もあるでしょう。

ただ、会社の休日を利用して自宅で塾を立ち上げるのなら、その塾が失敗したとしても、会社員としての給与があるため、生活が脅かされることはありません。物件を借りる際の頭金や内装費用もかからないため、収益化ができる前の段階で大きくお金を失うこともないでしょう。

大事な準備の1点目は、「会社を辞めない」ことです。

今、無職の方は、アルバイトでもいいので最低限の収入を確保する体制を作っておきましょう。そうすることで、手許資金が減り続ける不安感を持たずに進めることができます。

ここで大事なのは、「**最低限の生活が脅かされないこと**」です。

主婦・主夫などの方であれば、あえて再就職などはせず、今の環境をフル活用して起業準備活動を進めていくと、お金と時間の両方を確保できていいのです。

準備2 勤務先に、副業・起業の許諾を取るか、規則を無視するかを決める

「会社を辞めずに起業しよう」と言いましたが、あなたは今の仕事環境で、それをはじめていくことはできそうでしょうか？　おそらく、難しいと感じているのではないかと思います。

難しいと感じる理由の1つに、許諾の問題があります。

これだけ国が旗を振って、「副業を促進しよう」と言っても、転職サイト「リクナビNEXT」を見てみると、「副業ＯＫ」にチェックが付いている会社は、全掲載企業の中で1％以下（2023年5月時点）。99％の会社は副業禁止となっています。

当然、副業ＯＫの会社に勤務されている方は、特段問題ないかと思います。ただ、99％が禁止ということなので、おそらくあなたの勤務先も「副業ＮＧ」であり、その中でどのように起業活動を進めようか悩んでいるのではないでしょうか？

対応策として考えられる選択肢は、転職するか、許諾を取るか、無視するか、ですよね。

であれば、まずは「副業ＯＫ」な会社に転職するという選択肢があるかと思います。ただ、「副業ＯＫ」と明確に宣言している会社は、一部の人気大手企業か急成長ベンチャー企業がほとんど。人気企業のため応募の倍率も高く、多くの方にとっては選択肢に入らないのではないでしょうか？

現実的な選択肢としてありうるのは、知人・友人に経営者がいれば、独立できるまでの期間、雇ってもらえないか依頼すること。ただ、そのような知人・友人がいる方は、少ないかもしれません。

次に、正社員転職を諦めて、アルバイトに切り替えるという選択肢もあります。ただ、雇用形態が変わると、収入・待遇が大きく変わる可能性もあります。すでに、何があっても確実に起業・独立すると決めている方にとってはいい選択肢となりますが、「成功したら、起業・独立したい」と思っている状態の方にとっては、なかなか踏み切れない選択肢かもしれません。

では、今働いている会社で、許諾を取るにはどうすればいいのでしょうか？　**会社が副業を禁止している趣旨・目的を踏まえた上で、会社にできるだけ価値がある、許諾ストーリーを作ることが大事**となります。

会社が副業を禁止する趣旨・目的とは、副業を通じて秘密裏に会社の資源を流出されたくない、競合されたくない、もしくは副業の延長線で離職されたくないことにあります。ですから、会社の資源を使わず、競合せずに、目の前の仕事を真面目にやり続ける前提であれば、会社側が副業を「否定」する理由はなくなります。

では、会社があなたにわざわざ副業を「許諾」する価値を見出すには、どのようなストーリーが考えられるでしょうか？

会社にとっての価値は、コストが下がるか、売上が上がるか、この2つになります。

例えば、皆さんが「1カ月後に退職する」といきなり会社へ伝えた場合、会社にはどのようなことが生じそうでしょうか？

退職金を支払い、さらには次の人を広告やエージェントを使って採用し、その人が機能するようになるまで育成工数をかけていく必要が生じます。つまり、会社からするとコストが一気に増えてしまうわけです。

その前提に立つと、例えば「子どもが塾に行く必要が出てきて、今の給与では成り立たなくなりました。本当は今の会社も仕事も好きなので辞めたくないのですが、今のままでは給与がいいところに転職せざるを得ません。昇給を要望するのも申し訳ないので、副業の許諾だけ頂けないでしょうか」というストーリーなどが考えられます。

これは、**離職によって会社に生じるコストを下げるためのストーリー**となっています。理由を、「親の介護」や「結婚資金」などに入れ替えると、いろんな方に使えるのではないでしょうか。

また、例えばあなたが社内で新規事業を立ち上げ、既存事業の売上・利益を超える事業成長を作り出した場合、経営者はとびきり嬉しいのではないでしょうか。

ただ、現実には、そんな簡単に成功する新規事業など生まれませんし、新規事業の提案自体、なかなか会社の承認レベルに到達しません。しかし、だからこそ、「本来、会社でやりたい新規事業なのですが、実績データがないと社内起案も通らないため、まずは副業という位置付けで個人のお金で仮説検証をさせて頂きたい。だから副業承認を頂けないでしょうか」というストーリーを立てます。

これは、**会社が将来の新規事業開発を通じた売上拡大につながる可能性を感じながらも、自社のコスト持ち出しゼロで仮説検証できるというストーリー**になっています。

では、どんなストーリーを作っても、「うちの会社では許諾がおりない」という方はどうすればいいのでしょう?

その場合は、**諦めるか無視する**かしかありません。

「会社の規則を無視しましょう」と私が提案することはありませんが、やむを得ずそのような選択肢を選ぶ方も現実には多数います。

しかし、会社の規則を無視した場合、最悪、解雇になるかもしれません。起業・独立を考えている方にとっては、「元々辞めようと思っていたから問題ない」という方も多いようですが、解雇されることを不安に思う方もいるでしょう。

では、どうすれば、バレずに働きながら起業できるのでしょうか？

ここで1つ考えて欲しいことがあります。

最近、あなたが新しく使いはじめたサービス、最近購入した商品は、何でしょうか？　また、使っていなくても、「知った」商品・サービスは何でしょうか？　思いつくものをすべてあげてみてください。

その中に、どこの誰かわからない個人が、会社で働きながらの起業活動で提供している商品・サービスは含まれているでしょうか？

さらには、その個人の方が、立ち上げて1カ月以内の商品・サービスはあったでしょうか？

おそらく、まったく含まれていないのではないかと思います。

基本的に、世の中のほとんどのサービスは、誰にも知られていません。どの会社も、全力で知ってもらおうと努力しているにもかかわらず、誰にも知られていないのです。

私も、会社に勤務していた時代に、働きながら立ち上げていた教育サービスで、世田谷区に新聞折込チラシを4万枚、2回配布したことがありました。しかし、知人・友人で「チラシ見たよ」と言ってくれた人は皆無でした。

つまり、働きながら起業したところで、個人ができるレベルで大々的にプロモーションしても、よっぽど大成功しない限り、そもそもバレようがないという現実があります。

ただ、世の中には、「バレるリスクすら、絶対におかしたくない」という方がいらっしゃるようです。そういった方は、どういう方法で、働きながら起業をしているのでしょうか？

王道パターンは、**最初から法人を立ち上げてしまい、個人名ではなく、自身が立ち上げた会社の名前で起業活動をする**という方法です。その会社から、自身への役員報酬を0円に設定してさえいれば、個人所得は1円も変わりませんので、税金の支払いのタイミングなどで会社にバレることはありません。

どうしても不安に感じる場合は、税理士に確認してみましょう。

準備3 家族に協力を求める

ここまでは、真面目に自分自身で責任を持って、起業活動を進める場合の準備について話をしてきました。ただ、そもそも、すべてを自己責任で賄う必要などないかもしれません。

例えば、「学生起業」という選択肢が流行っています。この選択肢が人気なのは、生活費を親に賄ってもらっているが故に、生活費を稼がねばならないというプレッシャーを気にすることなく起業活動に専念できるからです。

学生起業の場合、実家暮らしだと家賃負担ゼロのことが多く、一人暮らしをしていても家賃分くらいは親からの仕送りや奨学金で賄っていることが多いため、社会人と比べると「最低限、この金額だけは稼いでおかないと生きていけない」という金額のハードルが低いわけです。

同様の方法で、「働きながら起業」よりも、もっと集中的に起業活動に取り組みたい場合は、**住居を実家に移し、親のスネをかじりながら取り組む**という方法もあります。実際、私の学校の受講生の中にも実家に戻って起業されている方は一定数いますし、経営者仲間にも業績不調になった段階で実家に戻って事業継続されている方はいました。

しかし、親に負担を依頼するということは、負担者の不安や要求に応える必要も出てきます。

親側の不安としては、「一生、夢追い人になってしまい、自立できない人間になったらどうしよう」などが多いようです。そのような不安を払拭するためには、**1年や3年など期限を設けて、家の手伝いはするなど約束しつつ、それまでに一定額の収益化ができなかったら会社員に戻ることを宣言します。**それにより、依頼を受け入れてもらいやすくなるようです。

また、例えば私が創業した際は、妻に食費を稼いでもらうという選択をしました。家賃負担だけは私がすると約束し、当時住んでいたマンションを売却し、極狭アパートに引っ越しをすることで、なんとか自分の担当分である家賃を払える状態を構築したのです。

当時、協力・応援してくれたことには感謝してもしきれません。

このように、**既婚者であれば、夫または妻にも稼いでもらう**という方法もあります。当然、相手の立場に立つと、「なぜ、私だけが重い負担をしなければならないのか」というストレスがかかってしまいますので、**自身が最低限約束できることを決め、宣言を守ること**を徹底します。

準備4 同じ目線で語り合える創業同期の起業家仲間を作る

金銭的な不安が薄まっていったとしても、現実の起業活動は葛藤の連続です。特に、従業員の問題やクレームの問題、お金の問題など、迂闊に人に相談しづらい問題もたくさん出てきます。

会社員として働いている場合は、仕事の悩みをまず誰に相談するかというと、同期や同僚ではないでしょうか？

仕事で壁にぶつかったとき、上司に相談したら評価が下がるかもしれない、家族や友だちに相談しても理解が浅くてわかってもらえない。そんなことを感じながらも、立場が近い同期や同僚と会話をすることで、悩みが解決し、乗り越えられることが多々あるでしょう。結果、同期・同僚の存在が、会社の離職率の高低に影響を与えています。

同じことが、起業しても起こります。

事業で行き詰まったとき、顧客や従業員とのセンシティブなトラブルが生じたときでも、「従業員を不安にさせてしまうから相談できない」「銀行や株主に相談したら評価が下がりお金を引き上げられるかもしれない」などの理由から、大きな不安に1人で向き合うことが必要な状況も出てきます。

その不安がストレスになり、**「経営者は孤独だ」と思い込みすぎると、辛くなり、起業活動を途中で諦めてしまう要因になってしまいます。**そういった悩みを相談できるのが、「創業同期」です。

ただし、会社で働いていれば、「同期や同僚」という存在自体を会社がすでに用意してくれていますが、**起業すると、「同期や同僚」という存在自体を自ら作りにいかないと得られません。**

起業・独立したことをSNSで積極的に発信すると、気づかなかったところから「私も起業したから情報交換しよう」という連絡を頂けたりします。また、自治体が取り組んでいる創業支援系セミナーに行ってみるだけでも、同じフェーズの方とつながりが生まれたりします。

私自身も、同じタイミングで創業した知人・友人と創業同期会を開くなど、情報交換をしていました。それにより、どの税理士が信頼できるか、どの銀行がいいか、どの広告ツールが有効かなど、リアルな情報を共有しながら進めることができました。また、従業員との問題が生じても、他経営者がどのように対応しているのかを相談しながら向き合うこともできました。

私たちが運営する「起業の学校」でも、1クラス数十人程度の規模で取り組んでいるため、クラス内の横のつながりが強く、学校を卒業されたあとも創業同期会を定期的に開催されている方が多いです。私たちが意図的に横のつながりが生まれるように、講座設計していることも要因の1つではありますが、創業時は不安なことが多いため、皆さんかなり積極的に交流の場を自ら作っています。

「経営者はすべてが自責」ではありますが、**仲間を作り、本当に辛いことは1人で抱え込まなくてもいい状態にしておくことで、精神的に追い込まれずに済みます。**

ここまで述べてきたように、収入を減らさず、生活費を抑えて、家族と同期を巻き込んで進めていくことで、仮に失敗しても、生活や精神が破綻することがなくなります。結果、ノンストレスで起業活動を推進できます。

ただ、ノンストレスで起業活動を頑張りすぎて、結果として健康を崩してしまっては、継続的な挑戦ができなくなってしまいます。そこで、次は、健康面の準備を考えていきたいと思います。

2 健康編……自己管理を徹底する

準備5 定期的な健康診断を必須準備リストに入れる

「いちいち上司の承認を得るのが嫌だ。自分の方針で仕事を進めたい」

起業を検討している方と話をしていると、よく聞く言葉です。あなたも、会社で働きながら、こんなことを考えたことはないでしょうか？

実際、**起業すると、嫌な仕事や上司から解放され、ストレスがなくなる分、体調はよくなることが多い**ようです。

詳しくは、話題になった書籍『選択の科学（原題：The Art of Choosing）』（シーナ・アイエンガー著／文藝春秋刊）に譲りたいと思いますが、社長・会長などの経営者は、社員よりも平均寿命が長いそうです。また、雇われ社長よりも、オーナー社長のほうが、さらに長生きするとのことです。

ロンドン大学のマイケル・マーモット教授が、数十年にわたって指揮している研究プロジェクト、ホワイトホール研究によると、**「『選択の自由度』に対する認識が、健康に大きな影響を及ぼすことを強力に実証する」**と述べられています。

あなたも、上司に細々と指示されながら取り組む会社員の仕事よりも、退職したら何の事業をやろうかなど、自身で選択できるシーンのほうが、ストレスが低そうであることは、容易に想像がつくのではないでしょうか。

一方で、**起業前後での、労働時間の変化を見てみると、平均で週に4・1時間増加**しています。特に、週49時間以上働く方が10・9ポイントも増加しています。

これは、雑務含めて、すべての業務を自身が一手に引き受ける必要があるからという理由も当然あります。しかし、自分がやりたいことに集中・熱中してしまう結果、気づかずに労働時間が延びてしまうという内部要因と、労働時間や健康を強制的に管理してくれる人がいなくなるという外部要因の組み合わせのほうが大きな理由だと想定されます。

私の場合も、退職前は年間労働時間が厳しくチェックされ、一定以上の残業時間を超えてしまうと働くこと自体できませんでした。当然、定期的な健康診断も毎年ありました。

しかし、働きながらの起業をスタートしてからは、会社を21時に退社したあと、深夜まで開いている図書館に移動し、24時まで業務を推進。

また、起業してからは、それほど一生懸命働いている自覚がないにもかかわらず、朝9時に出社して24時過ぎに退社することを、気づくとほぼ毎日続けていました。健康診断や人間ドックにも、行こう行こうと思いつつも実行せず、結局、はじめて健康診断へ行ったのは、創業4年目のときでした。

結果、創業4年目、33歳のときに癌が発覚。進行していたために、5年以内生存率が4割だと宣告されてしまいました。

振り返ってみると、私が創業当初から取り組んでいた「大学生のキャリアを応援する」

系の事業というのは、やりがいがあり、楽しいせいか、仕事に人生を捧げてしまっている方が一定数います。某有名な就活塾の代表も、某有名なインターン支援企業の代表も40代で命を落とされています。

「やりがいがあって、仕事に熱中してしまうこと」が、いいことばかりではないということも、認識しておく必要があります。

どうすれば健康になれるのかについては、医学領域の専門家に譲りたいと思いますが、自分で自分を守るしかない起業家にとって大事なのは、**少なくとも自身の健康状態を正確に把握できる状態を作っておく**ことです。病気が顕在化し、差し迫った治療が必要だとわかれば、誰でも治療のために動きます。ただ、治療の必要性が把握できていない状況では、危機意識が芽生えず、動けません。

会社に勤めていると、指示を待っているだけで、定期健康診断などの強制的なチェックの場が用意されます。しかし、起業すると、自身でチェックの場を強制的に作らない限り、気づくと5年が経っていたということも生じます。

だからこそ、起業・独立を決めたら、**準備リストに「定期健康診断の予約」という項目を入れる**ことを、忘れないでください。

準備6 どれだけ熱中しても、睡眠の時間・質は担保

精神的なストレスなく仕事ができたとしても、気づかないうちに身体の疲労は蓄積していきます。

あなたは、「ゲームに熱中して、気づくと朝になっていた」とか、「映画やネットフリックスを見ていて、気づくと朝になっていた」とか、「友達と飲んでいたら、気づくと朝になっていた」などの経験はありませんか？　熱中して楽しんでいたつもりでも、身体に疲労は溜まっていて、翌日、体調を崩した経験がある方も多いのではないでしょうか。

睡眠時間が5時間以内の人と7時間以上の人とを比較すると、風邪の発症確率が3倍変わるというデータがあります（出典：Prather AA, et al. Sleep. 2015;38:1353-9.）。

いくら楽しく熱中して仕事をしていても、**睡眠時間の短縮は免疫力を押し下げ、体調悪化につながります。**

癌などは、免疫力低下による病気の最たるもののようですが、私自身、癌になった際には、2週間の入院を3度も経験しました。その都度、周りに支えてもらいながらも、事業の一部を止めざるを得なくなりましたし、経営方針の作り替えが必要な状況にも直面しました。

以降、再発を防ぐために、睡眠時間を先にカレンダーでブロックした上で仕事に取り組むように切り替えました。さらに、睡眠の質を引き上げるために3万円のベッドから50万円のベッドに買い替えもしました。

起業・経営とは、何年も続くレースとなります。だからこそ、最初に睡眠時間の確保を準備リストに入れておくことをオススメします。

3

知識編……起業に必要な知識は、たった1つだけ

本書で起業の勉強を進めているあなたは、起業するのにどこまでの知識が必要だと思いますか？

本書を読了すれば起業できそうだと思いますか？
高校を卒業したら、起業できそうだと思いますか？
高校では足りないとすると、大学を卒業したら起業できそうだと思いますか？
はたまた、経営大学院を卒業したら、起業できそうだと思いますか？
もしくは、大企業で新規事業開発を経験したら、起業できそうだと思いますか？

私が運営する起業の学校には、経営大学院を卒業した方もいらっしゃれば、大企業で新規事業開発に取り組まれていた方もいらっしゃいます。

そんな皆さんですら、一様に言うのは、「私は知識・経験が足りないから起業できない……」という言葉です。

いやいや……。そんなことを言うのであれば、どこまで勉強し続けたら起業できるのか……と感じませんか？

あなたが薄々感じている通り、**起業に必要な知識は、ほとんどありません。**

例えば、あなたの身近にいる起業家を想像してみましょう。

商店街にある八百屋さん。彼ら彼女らも、自身で事業を経営している起業家です。大学院で経営を学んできた方ばかりでしょうか？

はたまた、近所のコンビニのオーナーさん。彼ら彼女らも、フランチャイズへ加盟しつつも、自身で会社を経営している起業家です。大企業で新規事業開発に携わってきた方ばかりでしょうか？

おそらくほとんどの場合、違うと思います。

起業を経験したことがないと、「起業家には膨大な知識や経験が必要だ」と不安が大きくなってしまうことが多いようです。しかし実際の起業家は、自分ができないことについては、外注することもできるし、人を採用して任せることすらできる立場です。

起業家の仕事は、突き詰めると1つに絞られます。

それは、**その投資で利益が生まれるかどうかを判断し、「投資の『意思決定』をすること」**です。

わかりやすい例として、フランチャイズオーナーなどは、『意思決定』以外の業務をすべて外注した究極の形です。商品もブランドも業務運営の方法も本部から仕入れてきますし、運営スタッフまで本部が採用してくれることもあります。また、人のマネジメントすら、マネージャーを採用して任せることがあります。

ただ、それでもたった1つの仕事だけは残っています。

このブランドに投資していいか、この人に投資していいかを判断する、『意思決定』の業務です。

では、何を基準に意思決定するかというと、シンプルに、その投資判断を通じて利益が生まれるかどうか。

起業家は、「利益＝売上－コスト」という、この計算式を本当の意味で理解し、深く考えることさえできれば、それ以外の知識は何もいりません。

起業アイデアがなければフランチャイズのように外部から買ってくればいいですし、お金も投資リターンが合うなら借りてくればいい。

ミッション・ビジョン・志などなくても起業はできます。

仮に大きな志を持っていたとしても、それを叶えるためにという理由で、最終的に利益が出ないことへ投資する意思決定はできません。

では、「利益＝売上－コスト」という計算式をどのように理解しておけばいいか、知識の準備に入っていきたいと思います。

準備7 「利益＝売上－コスト」の計算式に含まれる意味を知る

意思決定の基準は、その投資で利益が生まれるかどうかです。**利益をプラスにするには、売上を上げるか、コストを下げるかしかありません。**

つまり起業に必要な知識の大枠は、極めてシンプルなのです。

ただ、難しいポイントは、どの数字をどういじれば、利益が生まれるようになるのかを自分で考え出す必要があるということです。

例えば、

- 売上を上げるために、客数を増やすのか、単価を上げるのか
- 客数を増やすために、新規顧客を増やすのか、リピート率を上げるのか
- 新規顧客を増やすために、営業数を増やすのか、受注率を上げるのか

正しい投資判断をするための6つの鉄則

鉄則1……売上が上がることが確証されるまで、極力コストをかけない

鉄則2……安易に価格競争で戦う戦略を取らない

鉄則3……多くの人が求めている需要に立脚する

鉄則4……新規顧客獲得の仕掛けは必須で用意する

鉄則5……リピート率が担保できる仕組みを構築する

鉄則6……一定の行動量・プロモーション量を担保しない限り、需要の有無や事業の良し悪しは判断できない

などなど。一言で「利益＝売上－コスト」と言っても、要素をさらに分解することが可能です。

では、できる限り正しい投資判断をするためのポイントとして、何を押さえておけばいいのでしょう。

ここでは、ここだけは押さえておきたい「6つの鉄則」を紹介します。

準備8 お金をかけずに事業検証する方法を考える

「利益＝売上－コスト」なので、売上が上がっていないにもかかわらずコストを使ってしまうと、当然赤字に転落します。最初に知っておきたい**鉄則①は、「売上が上がることが確証されるまで、極力コストをかけない」**です。

抽象的に考えると当たり前なことなのに、現実には多くの方が無駄なコストを使いたがります。

例えば、カフェを立ち上げようと考えた場合、最初にどれくらいのお金でスタートしますか？

不動産を借りるための敷金・礼金・仲介手数料で家賃の8～12カ月分くらいと、内装費用や什器などの準備も含めて、初期費用で合計500万～1000万円ほどを想定される方が多くいます。

しかし、それだけのお金をいきなり突っ込んでしまうと、そのカフェのコンセプトが市場から求められておらず、お客さまがまったくこなかった場合、一気にお金を失うことになります。

自身が考えるカフェのコンセプトが受け入れられるかどうかを検証したいのであれば、1日単位や1週間単位で、お店の空きスペースを間借りできるサービスを利用すれば数千円や数万円で検証が可能となります。

実際、「**カフェスペース レンタル**」や「**軒先 レンタル**」などで検索すると、スペースのシェアサービスが多数出てきます。

私が運営する起業の学校の受講生も皆、既存店舗の間借りから検証をスタートし、日次収支が黒字化まで至った段階で、ようやく継続的な店舗スペースのリサーチに移っています。

このように、いきなり完璧に進めようとすると500万〜1000万円かかってしまう事業も、シェアサービスを活用して1日単位や1週間単位で検証することで数千円〜数万円でのスタートが可能となります。

また、お菓子などの商品が売れるかどうかの検証であれば、「**ネットショップ 無料**」などで検索すると、無料で簡単に立ち上げられるＥＣショップサービスも多数出てきます。それらのサービスを活用すれば、ほとんどお金をかけずにスタートすることが可能となります。

ただ現実には、いきなり物件や内装に一気にお金をかける方がいます。

小さく検証をはじめる方法がわからないのであればやむを得ませんが、知っているのにいきなり多額のお金を投資してしまう場合、それは単純に自分が思い描いている理想像を形にしてみたいだけです。起業家としての投資判断ではなく、自己満足の無駄遣いであり、ただの趣味です。趣味であれば浪費も問題ないかと思いますが、**起業家としての投資判断は、「お金は使えばなくなる」前提で、お金をかけずに検証する方法を選ぶ**ことが必要です。

さらには、このような店舗ビジネスではなく、Webサービスの需要検証も考え方は同じです。

例えば、出前館やUber Eatsのようなサービスを立ち上げようと思った場合、皆さんならどのように検証をはじめるでしょうか？

自身で開発を進める、エンジニアを採用してくる、システム開発会社に外注して作ってもらうことなどから着手しようとする方が多いようです。しかし、そのように進めた場合、数百万円単位の開発コストがかかってしまいます。

「食品のデリバリーサービスにお金を払う人がいるかどうか？」を検証するだけであれば、近隣の飲食店に訪問し、そのお店のメニューを撮影して集め、X（旧Twitter）でメニューの写真とセットで「このお店のご飯を食べたい場合、私にご連絡頂ければ○○円でデリバリーします」とツイートしてみることで、需要検証が可能になります。この場合の検証コストはほとんどゼロ円です。

他にも、法人向けのサービスにおいて、同様に飲食店業界で検証を進めるのであれば、食べログやぐるなびなどに掲載されている飲食店名からそのお店のHPを調べ、HPにある問い合わせフォームから1通1通DMを送付していくことで、コストゼロ円で検証が可能となります。営業リストなど購入せずとも、業界別に社名がリスト化されているプラットフォームは想像以上に多数あります。

このような選択肢を知らずに、起業活動をスタートしてしまうと、最初からお金をガンガン使ってしまい、すぐに数百万円単位でお金を失っていくことがあります。そのため、検証コストを下げることの必要性と方法は必須で、事前理解することをオススメします。

なお、事業内容ごとの検証方法については第3章にまとめています。ご確認ください。

準備9 黒字化の難易度が上がる構造を知る

鉄則②は、「安易に価格競争で戦う戦略を取らない」です。

創業当初、自信がないからといって安売りをしていると、一生儲かりません。

「利益＝（客単価－ひと顧客あたりコスト）×客数－固定費」という計算式ですから、客単価を下げてしまうと、飛躍的に客数が増えない限り、利益が出なくなってしまいます。

しかし、現実には、価格をちょっと下げたところで、飛躍的には客数が増えないことが多いのです。

例えば、Web制作の受託事業を考えた場合で、計算してみたいと思います。

自分に自信がない方の中には、Webサイト1ページあたり3万円ほどの単価で請け負う方がいます。しかし、マーケット相場に合わせて、1ページ30万円ほどで請け負った場合と比べて、どれくらい収益化の難易度が変わってくるか、パッとイメージはつくでしょうか？

1社1ページ3万円で請け負った場合、納品するための工数として制作コストが1・5万円かかるとします。すると、1社あたりの利益は1・5万円となります。

一方で、1社1ページ30万円で請け負った場合、どれだけ丁寧に仕事を進めても、納品するための工数が10倍になることは想定できないため、仮に5倍かかるとして7・5万円。すると、1社あたりの利益は、22・5万円になります。

では、営業を通じた受注率は果たしてどれくらい変わるでしょうか？

営業DMを1000件に送ったとします。Web制作についてはタイミングが合う、合わないの要素が大きいため、1ページ3万円でも、1ページ30万円でも、おそらくアポイント取得率は変わらないと想定されます。仮に1％だとすると、いずれも10件のアポイントが取得できます。

アポイントからの受注率は、価格によって変わるかもしれません。安い場合も100％にはなりませんので、40％にしておきます。一方、相場価格の場合は受注率が下がって20％になるとします。すると、安い場合は4社成約が決まり、相場価格の場合は2社成約が決まります。

利益で見るとどうでしょうか？
安い場合は、1・5万円×4社＝6万円
相場の場合は、22・5万円×2社＝45万円
同じ、1000件の営業活動を行い、納品を行ったとしても、利益では、7・5倍の差が生まれてしまいます。

確かに、安く売ることで4社から発注をもらっていると、受注もサクサク決まっていき、取引社数も多いため、精神的には「頑張っている気分」にはなれます。しかし、結局

安売り価格と相場価格の粗利比較

	安売り価格（成約率40%）	安売り価格（成約率100%）	相場価格
客単価	¥30,000	¥30,000	¥300,000
1社あたりコスト	¥15,000	¥15,000	¥75,000
1社あたり利益	¥15,000	¥15,000	¥225,000
DM送付数	1,000	1,000	1,000
アポイント取得率	1%	1%	1%
アポイント取得数	10	10	10
成約率	40%	100%	20%
客数	4	10	2
粗利益額	**¥60,000**	**¥150,000**	**¥450,000**

儲からない仕事をしているだけで、収益化とはほど遠い取り組みとなってしまいます。

仮に成約率を100％にまで改善できたとしても、利益は15万円。価格を相場に合わせたときの1／3の利益しか生まれません。

自信がないからといって安売りしていると、収益化の難易度が飛躍的に上がってしまうのです。

客単価は安易に安く設定しないことを鉄則として、起業準備を進めていきましょう。

準備10 大きな市場に立脚する

ただ、客単価がいくら高くても、客数が増えない限り、売上は増えていきません。**鉄則③は、「多くの人が求めている需要に立脚する」**です。

創業当初、「差別化しなくては勝てない」と思い込みすぎて、誰にも使われないサービスを作ってしまうことがあります。

しかし、サービス設計の前提として大事なことは、「顧客ターゲットを具体化し、臨場感を持って顧客の気持ちを想像できるようになること」であり、「顧客ターゲットを絞り込んで、世の中に1人しかいない需要に立脚すること」ではありません。

皆さんが普段利用するランチスポットを思い返して欲しいのですが、最も頻繁に利用しているお店は、カレーや定食、中華、ラーメンなど、定番料理を提供しているお店ではないでしょうか？　一方で、こだわり抜かれた独特な味のレストランというのは、行く回数が少ないのではありませんか？

このように、差別化や独自性をこだわり抜いていくと、結果として誰にも使われないサービス・商品になってしまうことが多いのです。

差別化や独自性を考える際には、基本的にものすごいイノベーティブなことを考える必要はありません。多くの人が求める需要に立脚した上で、「立地がお客さまにより近い」「購入しやすい」など、ちょっとしたことで差別化が行われるくらいのほうが、結果として顧客獲得が容易になることが多いです。

準備11 新規顧客の獲得方法を検討する

顧客獲得が容易な事業だから、いい商品・サービスを作ればお客さまが勝手に増えていく、というわけではありません。

鉄則④は、「新規顧客獲得の仕掛けは必須で用意する」です。

客数は「新規顧客数＋リピート客数」の積み上げです。

また、リピート客数は「新規顧客数×リピート率」で導かれます。

つまり、「客数＝新規顧客数＋新規顧客数×リピート率」。この数式から明確にわかることは、「**すべての起点は新規顧客数である**」ということです。

例えば、法人向けのサービスを立ち上げた場合、何もせずに売上が立つことはありませんよね。各社、日常業務を回していく忙しい中で、勝手にあなたのサービスを見つけてもらえることは極めてまれです。

あなたがサービスを立ち上げたことを知ってもらうための営業活動を行い、そこから新規の取引先が生まれ、その企業群がリピートしてくれてはじめて、売上は積み上がっていきます。**サービスの存在を知ってもらって新規顧客を獲得することが、最初の起点**です。

カフェなどの店舗を立ち上げた場合も同じです。

開店当日に、お店の前を歩いている人の中で、その瞬間にカフェを探している人だけしか来店してもらえないのであれば、新規顧客の数は不足します。これでは、客数が積み上がるまでにかなりの時間を要するでしょう。だからこそ、開店前に、新規顧客を獲得するための施策を行っておくことが必須なのです。

例えば、カフェの新規顧客数も、「事前認知で来店する客数」と「当日認知で来店する客数」に分解できます。

事前認知で来店する客数も、「SNSなどインターネットで認知した客数」「チラシなどの紙メディアで認知した客数」「地元メディアなどのマスメディアで認知した客数」「口コミで認知した客数」などに分解できます。

また当日認知で来店する客数も、「店頭で認知した客数」と「店頭以外で配られたチラシなどで認知した客数」に分解できるかもしれません。

ここで分解したそれぞれの新規顧客獲得策を行っていかない限り、現実には新規顧客が一気に増えることはなく、結果、全体の売上が上がってくるまでにかなりの時間を要してしまいます。

事業を立ち上げる際は、新規顧客獲得の仕掛けは必須業務として準備しましょう。

準備12 リピート率を上げる施策を考える

一方で、新規顧客獲得に終始していると、事業運営に疲弊してくることが多いです。

新規のお客さまにお越し頂くためには、大量のチラシを配ったり、営業DMを送ったりといった、いろんな施策が必要です。ただし、それだけに取り組んでも、ようやく多少のお客さまにお越し頂ける程度です。

しかし、一度お越し頂いたお客さまにご満足頂くことさえできれば、「また来てくださいね」と伝えるだけで、すぐにお客さまを獲得することが可能です。

ほとんどのビジネスは、新規顧客獲得にかかるお金よりも、リピート顧客の獲得にかかるお金のほうが安いです。そのため、リピートがない事業を立ち上げてしまうと、エネルギーが必要な新規営業をずっとやり続けることになり、将来、疲弊することになりがちです。

鉄則⑤は、「リピート率が担保できる仕組みを構築する」です。
また、仮に不動産やブライダルなど、リピートが少ない事業に取り組む場合は、口コミや紹介が広がる仕組みを準備しておくことが重要です。

リピート率を引き上げる仕掛けというのは、ポイントカードやLINEマーケティングなど表面的にはさまざまな方法が思いつくかと思います。ただ、**リピート率に影響を与える一番の鍵は顧客満足度**です。さらには、**満足しただけでなく、友だちに口コミを広げたくなるほどの感動体験があれば友人紹介意向度が増していきます。**

起業する理由や目的はいろんなものがあっていいと思います。

ただし、「お金を稼ぎたい」という理由だけで起業する方は、自分の収益を優先しすぎる結果、お客さまへの提供価値が弱い、誰もリピートも口コミもしない事業を立ち上げてしまいがちです。自身のお金も大事ですが、お客さまの満足度を基軸として事業を構築していかないと、一時的には儲かったとしても、最終的に儲からない事業を作ってしまうことになるのです。

高収益事業を作るためにも、リピート率が高まる仕組み、そして友人紹介意向度が高い商品・サービスを作ることを前提に準備を進めていきましょう。

準備13 顧客接点量を増やす方法を考える

皆さんは、こんな相談を受けたら、どんなアドバイスをされますか？

「法人向けのサービスを考えたので、会社の仕事もしながら時間を見繕って、48件営業DMを送ってみました。しかし、返信や問い合わせは1件もありませんでした。このサービスの需要はまったくありません……。起業、失敗です……。どうしたらいいでしょうか?」

起業できない人が陥る最も多いパターンは、このようなケースです。**顧客接点量、行動量が少ないだけであるにもかかわらず、その点を顧みずに「需要がない」と解釈してしまうのです。**

私が、前職のリクルートで営業活動をしていたとき、リクルートという大企業の看板を持って営業電話をしても、100件電話してアポイントが取れるのは1〜3件程度でした。また、頂いたアポイントに訪問したとしても、受注が決まるのは10〜30%程度でした。つまり、確率が低いときで計算してみると、受注が決まるのは、1000件電話して1件です。

また、多くの人が使っているように見えるiPhoneですら、国内シェアは50%程度。つまり、2人に1人には「いらない」と、断られているのです。また新型iPhoneに切り替える人はさらにその1/5程度かもしれません。すると、新型iPhoneについては、10人中9人には「いらない」と、断られているわけです。

加えて、実績がない創業時などにおいては、さらに受注率や問い合わせ率が低くなることが容易に想像できると思います。

これらを踏まえると、**鉄則⑥として、「一定の行動量・プロモーション量を担保しない限り、需要の有無や事業の良し悪しは判断できない」**ということを認識しておくことが必須です。

完全新規のマーケットにプロモーションを行う場合、チラシの反応率は0・3〜3%程度、営業DMの反応率も0・3〜3%程度が一般的です。そのため、最低でも、300枚・300通程度は配布・送付してみないと検証はできません。それ以下のプロモーション量であれば、仮に反応がゼロだったとしても、それは「顧客接点量・行動量が足りないだけ」の可能性が高いのです。

ぜひ、「創業当初は、行動量が必要である」という認識を持って、実践に取り組んでいきましょう。

第2章

90日で起業する

皆さんは、起業を考えはじめてから何日が経っているでしょうか？

つい昨日、はじめて起業を考えた方もいると思いますが、割と多くの方が随分前から、「起業したい」と考えていたのではないでしょうか？

実は、**起業というのは、先送りにされがちなテーマ**の1つです。

実際、就職や転職をする際に、「私はこの会社で修行して、3年後に起業・独立しよう」と言っている方が多くいます。ただ、3年後にどうなっているかを調べてみると、ほとんどの方は会社員を続けていて、起業をしていません。

また、中高年の方でも、50代に突入して「定年までに、自分の事業を作りたい」と言いながらも、気づいたら何もせずに65歳を迎えてしまうということが往々にしてあるようです。

一般的に、会社組織で働いていると仕事には納期があり、その納期を管理する上司もいます。そのためほとんどの人が、納期通りに仕事を進めようと当然のように努力します。

しかし、起業・独立のような自分だけの思いであり、かつ「いつかできたらいいな」程度の必須ではない選択肢については、ついつい先送りになってしまうのです。

だからこそ、**自ら納期を決め、納期通りに進めていける環境を自ら作っていくことが必須です。**

では、どれだけの時間が必要かというと、必要な時間は会社で働きながらの90日のみです。

これまで**4000人を超える起業家の創業をサポートしてきた中で、90日あれば、誰でも起業できる**という結論に至りました。

今回は、その90日の行動の型をはじめて一般公開していますので、ぜひこの型を参考に計画を立ててみてください。

1 初日から7日目までに

ステップ1 起業の目的・ゴールを定義する

起業家の唯一の仕事は、「意思決定」をすることでした（46ページ参照）。

まずは、起業アイデアを考え、どのアイデアで起業するかを意思決定しなくてはなりませんが、これには基準が必要です。

例えば、起業案が次の3つの選択肢しかない場合、皆さんはどれを選ぶでしょうか？

(1) 毎日150件の戸別訪問営業を続け、145件から居留守を使われたり「うるさい」

と言われ続けるものの、5件で商談ができ、1件の受注が決まり、1日平均10万円の粗利益が生まれるビジネス。年収は2000万円。

(2) 室内で、毎日インターネットリサーチを行いながら記事を書き続けるメディア事業。競争が激しいため爆発的には勝てないものの、多少の閲覧者の流入を獲得できるようになり、月5万円が稼げるビジネス。年収は、副業収入として60万円。

(3) 配布したチラシから問い合わせがあったお客さまのご自宅に訪問し、主に高齢者を対象に出張マッサージを提供するサービス。必要としてくださっている方のみから連絡があり、サービス提供をするため、訪問するたびに「いつもありがとう。本当に助かった」と言われるビジネス。年収は450万円。

おそらく、人によって選ぶ選択肢は異なるかと思います。はたまた、どの案もやりたくないという方もいるかもしれません。

そのような**違いが生じる理由は、意思決定の基準が違うから**です。とにかく稼ぎを増やしたいのか、やりがいを感じたいのか、逆に人とコミュニケーションを取りたくないのかなど。

では、あなたの場合、どのような背景で起業に興味を持たれているのでしょうか？

起業を通じて、何が実現できたら、あなたは「起業してよかった」と感じることができるのでしょうか？

まずは、お手元に、前記2つの問いに対する回答を書き出してみてください。

その上で考えていきたいことは、「本当にそれが起業の理由ですか？」ということです。

人は、**「頭の中で考えている自分像」と「実際にとっている行動」が違う**ことがあります。人の本音は、「行動」に出ます。

例えば、「収入を増やすためにいつか起業したい」と頭の中では思いつつも、実際には何の行動にも移していない場合、おそらく、収入を増やすことよりも、起業することによって生じる変化・ストレスの影響を回避し、「現状を維持したい」という思いのほうが強いのかもしれません。
であれば、とにかく稼げる起業アイデアよりも、少リスク・少工数で安定性がある起業アイデアを考えたほうが、実際の行動につながるかもしれません。

また、「社会課題を解決し、人の幸せのために人生を使いたい」と頭の中では思いつつも、平日は生活のためだけに給与がもらえる会社で働き、土日は買い物や休息で過ごすような生活を送っている場合、おそらく、あなたにとっての本当の優先順位は「人の幸せ」よりも「自分の生活」なのかもしれません。
であれば、綺麗事を語り、社会課題解決に取り組む起業アイデアを考えたとしても、実際にはなかなか行動につながらないかもしれません。

人は、自分を綺麗な人間だと思い込みたい傾向があるようですが、起業のようなエネルギーが必要なことを本当に推進していくためには、それを横に置きます。そして、**自分の本音の行動基準を言語化した上で、その行動基準となっている目的・ゴールを言語化して**

いくことが必須となります。

以下のような問いに答えながら、自分が起業に興味を持っている本当の理由と構造は何かをさらに考えてみてください。本音の行動基準が見つかる第一歩になるかと思います。

□ご両親のお仕事はなんですか？　自営業ですか？　経営者ですか？　それとも会社員ですか？

□経営者や自営業であれば、ご両親が提供してくださってきた生活水準やライフスタイルと、今の自身の生活を比較したことはありますか？

□ご両親は、判断が求められる場面で、自分の意見を持ち、自分の考えを大事にして判断する傾向はありますか？

□その価値観を受け継いでいることによって、組織の判断に従って働く会社員の仕事に違和感を覚えることはないですか？

□そのような家庭環境が、起業への興味関心に影響を与えた可能性はありそうですか？

□あなたは、長子ですか？　末子ですか？　中間子ですか？

□長子であれば、「長子なんだからしっかりしろ」と期待されて育てられてきた結果、「自分がしっかりしなきゃ」「ちゃんとしなきゃ」「頑張らなきゃ」など、家族を支えられるようにならねばと感じていることはありますか？

□中間子であれば、中間子として上下の兄弟姉妹の間で埋もれないよう、愛情を獲得できる目立つポジションを探さねばという気持ちはありましたか？　会社組織で働く中でも、他の人と違うことをして目立ちたいなどと感じていることはありますか？

□末子であれば、末子として自由に生きてきましたか？　自分がやりたいように伸び伸び生きてきたこれまでと、上司にあれこれ言われながら働き続ける会社組織での仕事にギャップを感じることはありませんか？

□このような、兄弟姉妹構成における立場を通じて築き上げられたあなたの価値観が、起業への興味関心に影響を与えたことはありそうですか？

□今のお仕事は、どんな内容・ポジションですか？

□なぜ、そのお仕事や立場から、起業・独立したいと考えたのですか？

□そのお仕事や立場を、起業・独立したい対象として評価し、受け止める価値観は、どのように形成されてきたと感じますか？

□そもそも、はじめて起業・独立に興味を持ったのはいつですか？

□なぜ、そのとき、起業・独立に興味を持ったのですか？

□その起業・独立に興味を誘引した出来事に対して、あなたのように受け止める価値観は、どのように形成されてきたと感じますか？

□今の年齢は？

□なぜ、今、この年齢で具体的に活動をはじめようと思われたのですか？

□なぜ、もっと早くしなかったのですか？

□逆になぜもっと先送りにしなかったのですか？

などなど。

自身が起業・独立に興味を持つに至る理由を洗い出せたでしょうか？　そうしたら、改めて以下の2つを整理してください。

❶ あなたは、どういう構造で、起業・独立への行動に動きはじめていると言えますか？

今の起業・独立に向けた行動に影響を与えている要素のうち、影響度が強そうな要素トップ3を記載してみましょう。

例として、私自身のケースを記載しておきます。

(1) 父・祖父が創業社長であること：小さい頃から、父・祖父の会社に遊びに行き、父・祖父が悩みながらも自身で判断し、会社を経営してきているのを見てきた。結果、自分が考える力を持ち、最終判断をし、リーダーとして組織を引っ張っていける存在にならなければならないという潜在意識が培われてきた。

(2) 長子であること：会社を創業してきた父親の家を引き継ぐ長子として、ただ組織で埋もれていてはダメだと感じている。

(3) 親が提供してくれてきた所得水準：創業者の家で育ってきたが故に、大きな家で充実した教育環境を提供してもらってきた。それを会社員の延長線上で自身の子どもに提供できるか考えたときに無理だと感じた。

（記入欄）

❷ 起業を通じて、何をどのくらい実現できれば、「思いを実現できた」と言えそうですか？

起業に向けて行動する際に、こだわって実現したい大事な軸のトップ3を、優先順位を明確にした上で、順に記載してみましょう（できる限り具体的に。例えば、金銭的なリターンなどの場合は、具体的な月々の金額までイメージして記載ください）。

例として、私自身のケースを記載しておきます。

(1) まずは、起業・独立できていること

（組織で決めたことではなく、自分自身が決めたことを自分自身の責任で推進している。この状態を実現

できて、はじめて自身が描いている生き方と合致する）

(2) 「家を継いだ」と言えるほどの事業・組織になっていること。具体的には、父・祖父を超える○億円以上の会社組織になっている

（父親、祖父ともに、地域を支える会社を創りあげてきた自負がある中で、自分が自分のことだけを考えて小さな個人事業をやっていても、長子としての責任を果たしたとは思えない）

(3) 年収○万円以上

（親が提供してくれていた生活水準を自分の子どもにも提供できる金額を、インフレ率を加味して考えた）

（記入欄）

ステップ2

これまでの経験を洗い出す

次に、起業アイデアを考える素材となる、あなたの強みを洗い出していきましょう。

「あなたの強みは何でしょうか?」

このように質問してしまうと、「自分には大した経験がないから、何の『強み』もない」と自信を失ってしまう方もいるのではないでしょうか? 実際、多くの方が、「自分には特段の経験・強みがない」と回答されます。

そもそも、普通に考えると、少しでも会社組織で働いた経験があるのであれば、「何の経験もない」というのはあり得ないですよね。社会人経験がなかったとしても、学校教育を受けた経験もあれば、部活やサークル、アルバイトの経験くらいはお持ちなのではないでしょうか?

ただ、多くの方が「自分には特段の経験・強みがない」と「感じて」しまうのには理由があります。それは、自分の強みを考える際に、あなたの周りにいる方と比較してしまうことです。

あなたと同じ仕事をしている方と比べると、あなたが持っている経験やスキルは当たり前のものであるが故に、「私には特段の特徴がない……」と感じてしまうのです。

しかし、あなたとは異なる職種・業界で仕事をしている人からすると、あなたが取り組んできた経験は、「あなただからこそ、できること」に見えますよね。


そもそも、**起業・独立に必要な「強み」とは、ほとんどの場合、世界トップクラスである必要はありません。**お客さまが比較する対象と比べて強みがあればいいだけであり、そもそもほとんどのお客さまが世界中のサービスとあなたを比較することはありません。

例えば、地元のスポーツスクールでコーチをしている方が、全員、そのスポーツにおけるオリンピック選手だったかと言われると、そんなことはないですよね？　それでも、そのコーチがお金を頂けているのは、少なくとも未経験の方の立場からすると、そのコーチの技術や知識はお金を払ってでも教えてもらう価値があるものだからです。


つまり、過去を振り返る際の大事なポイントは、「自分で判断した『強み』を書き出す」

のではなく、**過去の事実としての「経験」を書き出す**ことです。

あくまで、それが「強み」になるかどうかは誰の視点で判断するか、誰と比べるか次第の、相対的なものです。ですから、先ほど述べたような安易な自己否定に陥らないように、まずは**強みかどうかの評価は横に置いておいて、過去の事実としての経験を書き出してみてください。**

強みか弱みかの判断は、あなたではなく、お客さまがするものです。

では、ここであなたが経験してきた仕事の概要を、できるだけ具体的に整理してみましょう。

例えば、営業であれば、対象は法人か個人か、法人なら大企業か中小企業か、個人なら富裕層かそれ以外か、新規かリピートか、インバウンド営業かアウトバウンド営業か、など。事務でも、経理か営業か総務か企画か、使っていたツールは何か、その中での担当領域はどの幅だったのか、など。

また、会社以外で力を入れていること、時間を使っていることも、できる限り具体的に書き出してみましょう。

好きなことやハマっていることは、気づくと時間が過ぎてしまっているため、「時間を使っている認識」がなく、記載が漏れることがあります。しかし、それだけのめり込んでいるものは強みになることも多いです。実際、趣味の釣りやダンス、コーヒー、お掃除、料理などから起業された方もいますので、休日や平日の夜に取り組んでいることを抜け漏れなく書き出してみましょう。

最後に、学生時代に力を入れていたこと、時間を使っていたことも、同じ姿勢で、できる限り具体的に抜け漏れなく書き出してみましょう。

このときの**注意点としては、あなたが経験してきたことを一覧で書き出すこと**です。一覧で書き出すことなく、頭の中だけで考えてしまうと、普段考えているものばかり思いついてしまいます。あえてフォントサイズも変えずに一覧で、過去に経験してきたものを並べることで、あなたの可能性やこれからの選択肢を広げて発想ができるようになります。

繰り返しますが、飛び抜けた経験でなくても大丈夫ですし、「コツコツ言われたことをやり続ける」「一生懸命頑張れる」というような漠然としたものでも大丈夫です。

(1) あなたが経験してきた仕事の概要

例として、私自身のケースを記載しておきます。

求人広告（中途採用）の中小企業向け新規開拓営業、大企業向け採用・人材組織コンサルティング営業、通販事業（アパレル・グッズ）の営業企画・事業企画、雇用領域におけるCSR事業の立ち上げ、NPO法人との連携渉外（新規）、学校法人との連携渉外（新規）、Webマーケティング、研修商品の開発・改善、講師の採用・育成・マネジメントの仕組み構築、研修講師など

（記入欄）

(2)会社以外で力を入れていること、時間を使っていること

例として、私自身のケースを記載しておきます。

ヨット、サーフィン、読書（創業者自伝）、テニス、卓球、釣り、畑での無農薬野菜作り、料理、子どもと遊ぶ、妻の買い物の手伝い、家事手伝い、株式投資、Webマーケティング関連のYouTube動画視聴、TikTok投稿、料理スクール、不動産の分析・購入、NPO法人の運営サポート、キャリア教育サービスの視察など

（記入欄）

(3)学生時代に力を入れていたこと、時間を使っていたこと

例として、私自身のケースを記載しておきます。

バレーボール、オーケストラ部、議員インターン斡旋、議員インターン、受験勉強、成

績競争に勝つ、数学、勉強法の研究、就活イベントの企画・運営、パーティの企画・運営など

（記入欄）

ステップ3　**制約条件を書き出す**

ここまでは、目的・ゴールや強みという前向きなものを書き出してきました。
しかし、実際に起業へ踏み出していくためには、前向きで楽しい議論だけでなく、現実的な行動計画に落とし込むことが必要です。そのため、後ろ向きな議論になったとしても、現実的にできないこともあらかじめ書き出しておくことが必要となります。

行動するときに考慮すべき3つの制約

具体的には、**金銭的制約、時間的制約、精神的制約**の３つです。

まずお金は、いくらまでであれば使ってもいいでしょうか？

起業活動というのは、前向きなエネルギーがあるからこそスタートしていけるものですが、現実問題としては、うまくいかないこともたくさん発生します。その際、「ここまで頑張ってきたんだから、あともうちょっと投資すれば成功するのでは」と思い込み、気づくと破産するまでお金を注ぎ込んでしまったということもあるようです。だからこそ、「**ここまで投資してもダメだった場合は、撤退する**」**という上限金額を決めておく**ことが必要です。

起業活動に使うお金は、最悪の場合、ゼロになる可能性があります。そのため、「ゼロになってしまった」としても「勉強代だから仕方ないよね」と捉えることができる程度の金額に設定しておくことが必要です。

あなたにとって、その金額はいくらでしょうか？

当然、少なければ少ないほどいいい、1円も使いたくないから起業資金はゼロ円で進めたいと考える方もいます。それも選択肢としては、ありだと思います。

ただその場合、お金ではなく、自分の時間を投資する必要が出てくることも多くなります。

例えば、創業時に自社の商品・サービスを知ってもらう場面で考えてみたいと思います。

私は過去に世田谷区で折込チラシを4万枚配布しましたが、その際は28万円かかりました。しかし、チラシを4万枚印刷して「自分で」配布する場合、チラシ印刷代だけの5万円で済みます。

自分の時間を投資して自分自身で地道に配るのか、お金を投資して第三者に配ってもらうのかで、23万円の差額が発生するのです。23万円というお金か、自分の時間か、どちらを投資したいかを決める必要があるのです。


また、法人向けに営業ＤＭを送る場合でも、送付先リストの作成から営業ＤＭの配信までを２０００通、外注で依頼すると5万円かかります。

しかし、自分でリスト作成から配信まで行うと、ゼロ円で済みます。

第三者にＤＭ配信を依頼するか、自分自身で地道に努力するかで、5万円の差額が発生します。


これらの選択の違いが、お金を使うか、自分の努力で賄うかの違いです。

この前提に立つと、お金と時間の制約を検討する際には、２つのポイントを押さえる必要があると気づくと思います。

1つ目は、**お金も時間も、起業を前に進めるための「武器」である**ということ。そのため、総量が多いに越したことはないのです。

使えるお金も時間も多ければ、それだけプロモーションの仮説検証を多数回すことができます。多数失敗したとしても、制約金額・時間の範囲の中で、成功にまで到達できる可能性が上がります。

だからこそ、「少ないほうがいい」という縮小均衡の思考ではなく、せっかく起業するなら「多いほうがいい」という前提で、どこまでならお金と時間の投下が可能なのか、洗い出していきましょう。

2つ目は、**起業に必要な金額と必要な時間は、反比例の関係にある**ということ。「お金を使いたくない」と決める場合は「時間は使う必要がある」、逆に「時間を使いたくない」と決める場合は「お金は使う必要がある」と理解しておくことです。

起業は、努力をした人もしくはリスクを取った人にリターンがある構造になっています。何の努力もせず、かつ何のリスクも取らずに、お金を稼げることはありません。

「**会社員としての仕事が忙しくて時間がない**」から「**会社員として稼いだお金を投資す**

る」、「**お金はないけど起業したい**」から「**睡眠時間を削って努力をする**」、など、お金か時間のいずれかを使えるようにできないか、選択肢を洗い出していきましょう。

また、起業活動がうまくいって楽しくなってくると、自然とどんどん時間を使ってしまい、制限がなくなっていくものです。ただ、どんな人でも、1日24時間を超えることはできませんので、使える時間を書き出しておきましょう。

私が働きながら創業準備を進めていた際は、金銭的制約と時間的制約を以下のように決めていました。

お金については、株式投資と同じ予算判断基準で運用していました。

株式投資は収入から、生活費と将来に必要な貯金を差し引いたお金を余剰資金と定義し、それをすべて運用していました。

あくまで余剰資金の位置付けなので、ゼロになってもいいお金ではあるのですが、できるだけゼロになる可能性を減らすために、余剰資金合計金額の5％以上を1つの会社に投資しないと決めていたのです。そのため、当時の私は、１社に投資する金額は基本上限は50万円、すごくいい会社でも投資の上限は１００万円までとしていました。

この基準をもとに、「あくまでいろんな投資先の選択肢の１つが自身の事業であり施策である」という位置付けで、「１つの事業、１つの施策に対して、基本的な投資上限は50万円、これはいけると思っても１００万円までしか投資しない」と決めて取り組んでいました。

時間については、平日は、22時〜24時は起業活動に使うと決め、深夜残業扱いになる前に会社を退社し、夜まで開いている図書館で終電まで仕事をしていました。土日については、いずれか１日を起業活動にあてると決め、そこで仕事が終わらなかったら罰としてもう１日使うというルールを敷いていました。

最後は、精神的制約についてです。

基本的に、創業時は創業者がすべての業務を担当する必要があることが多いため、業務内容に好き嫌いを言う場合ではないという観点もあります。

ただ、事業内容によって、どういう業務が多いか少ないかは変わってきます。サービス業か物販業かで、人とのコミュニケーションの量は変わってきますし、法人向けか個人向けかで折衝において難しいポイントも変わってきます。

そのため、特に、過去、職場でのストレスで精神疾患にかかったご経験のある方などについては、その**ストレスの原因になった事象をあらかじめ書き出しておく**ことをオススメしています。ご自身が、「こういう仕事をやるとストレスで倒れてしまう」という要素を明確にしておくことで、ストレスが少ない事業内容を選択しやすくなります。

2

21日目までに

ステップ4　成功事例・ロールモデルを探す

❶成功事例たる経営者へインタビューにいく

ここまでで、目的・ゴール、強み、制約条件が定義できました。ここでいきなり、「さて、こんな自分は何で起業をするべきか」と、起業アイデアを考える段階に入る方がいます。

しかし、おそらくここまでの思考整理だけでは、いい起業アイデアはなかなか思いつかないでしょう。たとえ思いついたとしても、机上の空論に過ぎず、現実にはうまくいかないものばかり考えてしまうことが多いです。

その理由は、うまくいく事業・うまくいかない事業についてのインプット量が足りないからです。

一方で、自身と同じようなプロフィールで、自身が目指す目的・ゴールを実現されている方が、どんな事業をどのように立ち上げてきて今に至るのかを多数インプットできれば、筋がいい起業アイデアを考えやすくなります。

ですから、**あなたの発想力勝負で起業アイデアを考えるのではなく、まずはロールモデルとなる起業家を見つける**ことから進めていきましょう。

ロールモデルを調べる際に、「成功事例だけでなく、失敗事例から学ぶことが多い」という意見もあるかと思います。ただ、私のオススメは、失敗して諦めてしまった方よりも、現時点でうまく事業経営できている方へのインタビューです。

一見、成功を突っ走ってきたように見える起業家ですら、その過程で多数の失敗を経験しています。ただ、その過去の失敗経験について、**現時点でうまく事業経営できている方は、「成功」と「失敗」を対比した上で、何が成否を分けた要因なのか言語化できている**

ことが多いです。しかし、失敗経験しか積んでいない方は、「なぜ失敗したのか」の要因特定がズレていることが多いのです。

当然ですが、失敗要因を明確に捉えられているのであれば、その失敗要因を改善して、すでに成功に至っているはずです。

事業領域ごとに異なる「事業成功の鍵」を捉えるためには、うまく事業経営できている方に聞きにいくことが必須です。

第一目標としては、3人のロールモデルにインタビューすることを目指しましょう。

インタビューを実施してみると、最初にインタビューした方の話に感銘を受けてしまい、「すごく勉強になったから、あの人が言う通りに私もやってみよう」とすぐに流されてしまう方がいます。

しかし、たった1人の事例に基づいて思考を進めていくと、その事例がその方の特殊ケースに過ぎないこともあります。

一方で、**複数人にインタビューを進めると、特殊ケースに流されずに済みますし、インタビューした事業モデルを組み合わせるだけでも、多くの起業アイデアを発想できるよう**

になります。１００を超える起業アイデアを洗い出すことができれば、さすがに数個の実現可能な起業アイデアを発掘することも可能です。

当然、より多くのインタビューを積み上げれば積み上げるほど、思考の幅と深さは広がります。しかし、いきなり「１０００人のロールモデルにインタビューをしましょう」と言われても現実味がないと思います。まずは、第一歩として、３人のロールモデルを見つけ、インタビュー調査を進めてみましょう。

では、どうやって3人を見つけるのでしょうか？

もし、あなたが上場を目指しているのであれば、ロールモデルとなる上場起業家は、去年1年間で東証グロース市場に上場した企業一覧などをインターネットで検索すればすぐに見つけることができます。

上場企業の創業社長宛に、直筆の手紙を書いてみたり、X（旧Twitter）やFacebookなどで連絡をしてみると、意外とお時間を頂けることも多いです。実際に私自身も創業時に、１００人程度の上場起業家に手紙やFacebookなどでご連絡した結果、20人以上の上場起業家にお時間を頂くことができました。

ただ、現実には、多くの方が目標にしているのは、上場のような大きな成功ではなく、年商数百万円~数千万円程度なのではないでしょうか？

継続的に個人事業主として生活できている方や、中小零細企業を経営し続けている方は、そのレベルには到達していることが多いです。そのため、**周囲で独立・自営している方全員にインタビューしていくと、参考になるアイデアがあちこちに転がっている**ことに気づきます。

普段、商店街で買い物をしているお店のオーナーや、お子さんを預けている塾のオーナー、通っている美容院やサロンのオーナー、勤務先の社長など、考えてみると周囲に自営業をやっている方はたくさんいるはずです。

このように、あなたの周りにいる方からロールモデルを探しつつ、次のような行動をとってみると、自分自身でもできそうと思える起業アイデアが、発掘しやすくなります。

タイミングがあえば、小学校・中学校・高校・大学の同窓会に参加して、独立・自営をしている方に何をやっているのか聞いてみる。以前自身が勤務していた会社や今勤務している会社から独立し、自営されている方に、何をやっているのか聞いてみる。そうすることで、自身のプロフィールに近い事例だからこそ、「自分でもできそう」と思える起業アイデアを見つけやすくなるのです。

また、周辺にある事例の中に、あなたが目指すほどに「儲かっている」と感じる事例が見当たらなかった場合は、**税理士にインタビューをさせてもらう**ことも選択肢の1つです。税理士は、顧問先企業の決算情報をすべて把握しているため、今の時代にどんな事業が儲かっているかをリアルに把握しています。

リアルに儲かっている事業の内容を聞けたら、自分でもできそうだと感じた事業の経営者に問い合わせをしてみます。そうすることで、儲かる事業のやり方をインプットできるようになります。

❷何をインタビューするのか？

インタビューでは、何を聞けばいいのでしょうか？

ただ雑談をしてしまうと、創業者や経営者が語りたがるのは、なぜ今勝てているのかについてです。しかし、何年もの実績を積み上げた結果としての今のすごさを聞いたところで、一朝一夕には真似できません。

これから起業していく私たちにとって大事な情報は、その創業者や経営者が、何の実績もない創業時に、どうやって新規のお客さまを獲得し、ゼロから売上を作ってきたのかということです。意図的に創業時の苦労話を聞きにいきましょう。

例えば、以下のような問いです。

□何の事業からスタートされたのですか？
□創業時から、今と同じ事業モデル、商品、サービスだったのですか？
□なぜ、その事業からスタートされたのですか？
□他にも検討された事業はあったのですか？
□起業前は、どんなお仕事をされていたのですか？
□前職の経験を踏まえると、その事業は簡単に立ち上がったのですか？
□どうやって最初の事業、サービスを提供できる状態を構築したのですか？

□実績ゼロの状態で、最初のお客さまはどうやって獲得されたのですか？
□意外と簡単にお客さまはついてくださったのですか？
□実績がない状態で信頼を頂くために、どんな工夫をされていたのですか？
□実績ゼロの創業当初、単価や料金形態はどのように設定していたのですか？
□立ち上げた初年度の年商はいくらだったのですか？
□今はどれくらいの規模になられていて、創業時からとんとん拍子で成長してこられたのですか？
□黒字化したのは、創業してどれくらいの期間が経ったときでしたか？
□固定費には、どんなものがあって、いくらくらいかかるものなのですか？
□サービス提供する際の仕入れ、製造原価はどれくらいかかるのですか？
□お客さまのリピート率は、どれくらいですか？
□創業当初と今とでは、リピート率は変わっていますか？
□リピート率を引き上げるためにどのような工夫や試行錯誤をしてきたのですか？

これくらいのお話を聞くことができれば、その事業を立ち上げようとした際に、どのように新規顧客を獲得し、どのようにサービス提供プロセスを設計・構築すればいいのかが想像できるようになります。また、その事業を立ち上げた際に、どれくらいの売上・コスト・利益になるのかも試算できるようになります。

しかし、このような質問を一問一答形式で聞いていっても、簡単には答えてもらえません。創業者や経営者からすると、「なんであなたにそんなことを教えなきゃダメなの?」という気分になってしまうからです。特に、将来的な競合になりうるような優秀な方には、情報を教えたくないものです。

インタビューで本当の情報を聞き出すための工夫はたくさんあるかと思いますが、一番のポイントは、「こいつは敵になるレベルの人間じゃない」とバカにされることだったりもします。

「私は起業したいと思ってはいるものの、何もわかっていない人間で、本当に恐縮です」という謙虚な姿勢で臨むことで、「こいつはバカだからどうせ敵にならないし教えてやってもいいか」と感じてもらえると、お伺いできる情報量が飛躍的に拡大します。

ぜひ、格好つけず、謙虚にお伺いしていきましょう。

3

28日目までに

ステップ5　起業アイデアを作る

もしかすると、あなたは、この段階ですでに起業アイデアを思いついているかもしれません。しかし、あなたがよほどの天才でない限り、最初に思いついた起業アイデアが、ベストアイデアであることはありません。

ソフトバンクの孫正義さんですら、最初に起業する際、250個の起業アイデアを出した上で、そのうち2つ3つがヒットしたと語っています。

そのため、ほとんどの方に対しては、安易に思考を止めず、起業アイデアの量と幅を広げていくことをオススメしています。

「起業は、やってみないとわからない。実践がすべて」ということがよく語られていて、それも1つの真実です。

一方、現実の起業活動において、最も時間とお金がかかるのは、「立ち上げ以降」の段階です。あなたが起業するためにお金を100万円準備したとしても、そのお金を使いはじめるのは、ほとんどの場合、仕入れをはじめる段階やプロモーションを拡大する段階、サービス提供体制を強化する段階です。つまり、事業を具体的に進めていく段階で、お金も時間も投資されるのです。

しかし、実践検証する起業アイデアの質によって、投資したお金と時間が無駄になるか有効になるか大きく変わってしまうのです。

時間の消費量で見ると、企画が1〜2割、実行が8〜9割ですが、成果に与えるインパクトで考えると、企画が8〜9割、実行が1〜2割なのです。

だからこそ、1つの起業アイデアにとらわれず、最初の段階で、あなたの目的・ゴールを達成しうる起業アイデアを抜け漏れなくすべて洗い出してから選ぶ、という過程を丁寧に進めていきましょう。

まずは、**起業アイデアを100個以上、洗い出す**ことからはじめます。


起業アイデアを考える際に、覚えておきたいポイントは3点です。

- **質より量**
- **複数人の頭で考える**
- **否定も賛同もしない**

「質が高い起業アイデアを出そう」と、最初から考えてしまうと、自分がすぐに思いつく範囲の起業アイデアしか出なくなってしまいます。

これまで、「起業アイデアが出ない……」という相談をたくさんの方から受けてきました。

しかし、実際に話を聞いてみると、「起業アイデアが出ていない」のではなく、いろんな起業アイデアの可能性があるにもかかわらず、「これは（自分は）立ち上げ方がわからないから無理」「これは（起業経験がない自分の発想で考えると）勝てないから無理」「これは（ターゲット顧客でない自分の視点で考えると）ニーズがないから無理」など、自分視点でアイデアを潰しているだけのケースがほとんどでした。

あなたがダメだと思う起業アイデアも、その事業の立ち上げ方を知っている方から見ると「いいアイデア」かもしれないですし、ターゲット顧客の視点で考えると「いいアイデア」かもしれないのです。

そのため、アイデアをまずは書き出すことができるように、「質より量」が大事だというルールを決め、自分以外の視点も加えて複数人の頭で考えます。

さらには、出てきた起業アイデアに対して否定も賛同もしないようにします。そうすることで、発散的なアイデア出しができるようになります。

このように丁寧なステップが、筋のいい起業アイデアに出会うためには重要なのです。**まずはアイデア出しに付き合ってくれる仲間を集め、否定も賛同もせず、量にこだわって書き出すことからはじめていきましょう。**

起業アイデアをまとめる4つの段階

アイデア出しに付き合ってくれる仲間を集める

↓

目的・ゴール・経験・成功事例を共有。100の起業アイデアを作る

↓

筋がいいと思うアイデアを理由と共にコメントをもらう

↓

自分で起業アイデアトップ5を抽出

具体的には、次の4つの段階を踏んでいくことをオススメします。

❶アイデア出しに付き合ってくれる仲間を集める

「周りに起業経験がある人もいないし、誰とアイデア出しをしたらいいのか……？」と思っていませんか？　結論としては、「**誰でもいい。あらゆる人を巻き込むべし**」です。

というよりも、多様性を持って意見を集めることで、複眼的に選択肢を広げていくことができるのです。

会社の上司や同僚を巻き込むことができれば、あなたの仕事上の強みや弱みを踏まえた

上で、実現可能性が高い起業アイデアを出してくれるかもしれません。

一方で、上司や同僚が評価する強みや弱みは、その業界やその会社の評価基準に従ったものに過ぎないかもしれず、もしかしたら他の観点での可能性を見過ごす可能性があるかもしれません。

プライベートの友人や知人を巻き込むことができれば、あなたの魅力や課題、趣味なども踏まえた上で、ワクワクする起業アイデアを出してくれるかもしれません。

一方で、ビジネス観点が弱くなる可能性を秘めているかもしれません。

さらに、起業家など、すでに事業を経営している方を巻き込むことができれば、ビジネス的な観点で筋がいい起業アイデアを出してくれるかもしれません。

一方で、ビジネス臭が強く、あなたが期待していないものになるかもしれません。

いろんな方々を巻き込んで、アイデアを洗い出すと、その1つ1つが組み合わさり、あなたがワクワクできて実現可能性もあり、なおかつビジネス的にも筋がいいアイデアが見つかる可能性が高まります。

❷目的・ゴール・経験・成功事例を共有。計4人以上で100の起業アイデアを作る

協力してくださる方が集まったら、皆さんに30分だけ時間を頂けるようにお願いしてみてください。

30分の時間が頂けたら、**最初の10分で、ここまでで整理をしてきた起業の目的・ゴール、これまでの経験やロールモデルとして見つけた成功事例などを、具体的に共有していきます。**あなたが共有する情報の具体性が高ければ高いほど、協力者のあなたへの理解が深まり、出てくるアイデアもより筋がいいものになることが多いです。

例えば、過去の経験を共有するにしても、「これまで10年塾講師をやってきました」と共有するのと、「これまで、主に早慶志望の理系高校3年生を対象に、受験数学の指導を10年してきました」と共有するのとでは、思いつく起業アイデアは変わってきそうです。

また、目的・ゴールを共有するにしても、「収入を増やしたいと思い、独立したいと考えています」と共有するのと、「現状の月収が40万円ですが、独立して月収を150万円にまで増やしたいと考えています」と共有するのとでは、考える起業アイデアは変わりそうです。

どれくらいの規模の起業アイデアを考えればいいのかが明確になるため、目的・ゴールの達成により近いアイデアを出しやすくなります。

このように、「具体的に」情報を共有した上で、次に**15分と時間を決めて**、「**量にこだわって起業アイデアを出す**」**ことを依頼**します。あなたを含めた全員で、あなたがどんな起業をしていくべきかアイデアを書き出していきましょう。

リアルな場で集まれる場合は、全員でペンを持ち、ホワイトボードや模造紙に書き出していくか、付せんなどに書き出して壁に貼り出していくといいと思います。ZoomやGoogle Meetなどのテレビ会議システムを使っているなら、チャット機能を使うことで全員で他の方が書いたアイデアを見ながら進めていくことが可能です。

複数人での起業アイデアにおいて発想を広げる大事なポイントは、各参加者が書いている起業アイデアを、全員が見える形で共有しながら進めていくことです。それによって、「だったらこんな選択肢もあるかも！」と発想を広げ続けることができ、起業アイデアが生まれやすくなるのです。

❸ 1人1人から筋がいいと思うアイデアを理由と共にコメントをもらう

せっかく起業アイデアを広げて洗い出したとしても、その起業アイデアを自分視点だけで取捨選択してしまうと、可能性を秘めた起業アイデアを潰してしまうことになりかねません。

だからこそ、**最後の5分で、全員で起業アイデアを見返してもらい、1人1人から「この案はいいのでは」と思うアイデアを、理由も含めてコメントしてもらう**ようにしましょう。

その際、他の方がいいと考えている起業アイデアに対して、あなた自身は「これはできない」「これはニーズがない」「これは勝てない」などいろんな理由を思いついてしまい、否定したくなることも生じるかと思います。

しかし、その方には、あなたが知らない実現方法やあなたが気づいていない顧客ニーズに気づいているからこそ、「いい」と評価していることも多いのです。抽象的な理由で「なんでこの起業アイデアがいいの？　無理でしょ」と感じてしまう場合は、疑問に思っている点について質問することも忘れずに行いましょう。

❹自分で起業アイデアトップ5を抽出

とはいえ、自分自身が進めていく起業活動について、「他人の意見に従って決めた」という感覚が自分の中に残ってしまうと、うまくいかないことが生じたときに、気持ちのどこかで他責や言い訳が生まれてしまいます。

だからこそ、最後は自分で決めることが極めて重要です。

起業アイデアを決める際に大事にしたいポイントは、「1つに絞り込まず」「複数の起業アイデアを選ぶ」ことです。

起業は基本的にうまくいきません。考え抜いて選んだつもりの起業アイデアだとしても、お客さまの声も聞かず、検証も経ずに、自分の視点で考えているだけでは、いざ立ち上げを進めてみると想定外の事象が発生することがほとんどです。想像以上に競合が強すぎて勝てないこともありますし、そもそもその事業自体を形にできなかったなどということも発生するかもしれません。

そのため、起業アイデアを最初から1つに絞り込んでしまうと、1つダメになっただけで一気に振り出しに戻ってしまいます。ですから、まずは複数の起業アイデアを選ぶようにしていきましょう。

4
56日目までに

ステップ6 「検証。検証。検証」サービスは完成させず、とにかく早く反応をみる

起業アイデアが決まったら、早速、検証をはじめていきましょう。

ここで記載している「検証」とは「立ち上げ」のことを指しています。実際に事業を立ち上げていき、どれだけの売上・利益が生まれるのかを小さい規模で見ていきます。

事業を立ち上げる前に、需要が本当にあるのかアンケート調査やインタビュー調査が必要では、といった疑問を投げかける方がたまにいます。

確かに、大企業で事業を新しく立ち上げるのなら、社内承認を得るためにリサーチを通

じて事業仮説の精度を引き上げることは重要かもしれません。しかし、あなたが代表・社長として進めていくのであれば、もはや誰の承認も必要ないわけです。決裁者であるあなたが、顧客課題とサービス仮説を言語化でき、「やる」と決めたアイデアについては、机上の書類作成や情報整理などの無駄なことに時間を割く必要はありません。検証をはじめるべきなのです。

加えて、銀行から融資を獲得したり、投資家から資金調達をするためには、仮説の精度を引き上げることが重要ではないか、という意見もあるかもしれません。

しかし、**売上・利益ゼロで、何の実績もついていないただのアイデアレベルのものに対しては、いくらリサーチを深めたところで、資金調達などできません。資金調達のフェーズに移るためにも、まずは売上・利益を作る検証が、先に必要**なのです。

ただ、いざ「立ち上げよう」と言われたところで、「何からはじめていいのかわからない」という方もいるでしょう。

そのときに役に立つのがロールモデル研究です。先に、先人としての起業家がその事業を創業当初どのように立ち上げてきたのかインタビュー調査を行っているはずです。その積み重ねがあれば、具体的な立ち上げ方が想像できるのです。

それでもなお、「検証の進め方がわからない」という方がいますが、その場合、次のような考え方に陥っていることが多いです。

- 起業アイデアが曖昧であるために、検証すべき点が明確でない
- 完璧な状態を想像し、不安で動けない

そもそも、事業とは、「お客さまの抱えている課題をお金を頂いて解決すること」です。従って、**起業アイデアの検証を進めていくには、まず「誰の」「どんな課題を」「どのように解決する」「どういうサービス」なのかが明確になっていることが必要**です。しかし、「こんなサービスがあったら流行るのではないか」という、顧客視点がない方法論だけのアイデアにとどまってしまうと、誰に何を届ければいいかわからないが故に、「進め方がわからない」と感じてしまうのです。

具体例を見ていきましょう。過去、このような起業アイデアを考えた方がいました。「起業アイデア出しを皆でやっていたら、ものすごく刺激的で役立ちました。なので、起業アイデアを皆で考えて議論できるSNSを立ち上げて起業したい！」とのこと。

その方が、「検証を進めたいのですが、どのようにSNSを作ったらいいですか？」と相談にきました。

この状態こそ、まさに、「顧客視点がない方法論だけのアイデアにとどまっている」状態です。

そもそも、「誰の」「どんな課題を」「どのように解決する」のかが明確になっていれば、その課題解決に需要があるかどうかは、SNSを立ち上げるまでもなく検証ができるはずです。

具体的に考えてみると、本当に起業アイデアを皆で議論できる場が求められているのだとすれば、SNSなど立ち上げなくとも、LINEでチャットグループを作成して議論できる場を作ってみれば検証できるはずです。そのチャットグループに「参加したい」という人が集まるかどうかを確認すればいいだけの話です。

もしくは、起業アイデア出しの場をオフラインで企画し、貸し会議室を借りて参加者を募ればいいだけです。そのような方法で顧客が集まらないのであれば、SNSを立ち上げたところで、誰も新規登録してくれずに終わってしまうのがオチです。

だとしたら、検証をはじめる最初の段階で「SNSの作り方」を考えてしまう時点で、おかしいと感じないでしょうか？


「起業アイデアが曖昧であるために、検証すべき点が明確でない」というのは、このような状態を指しています。

検証をはじめる前提として、「誰の」「どんな課題を」「どのように解決する」「どういうサービス」なのかを明確にし、何が満たせれば需要の検証になるのかを具体化しておきましょう。


また、起業アイデアが明確になっても検証が進まない方から、次のようなコメントが出てくることがあります。

「お客さまからお金をもらって、納品できなかったらどうしよう」
「お客さまにご満足頂けなかったらどうしよう」
「お客さまが集まりすぎたら、仕入れコストが追いつかなくなってしまう」

これらは、「完璧な状態を想像し、不安で動けない」という状態です。特に、仕事に完璧主義を求められやすい金融業や製造業でお仕事されている方に、このような思考をお持ちの方が多い印象です。

しかし、「検証も進めていない」、要は「売れるかどうかもわかっていない状態」で、お客さまの反応や声を見ることもなく、サービスを「自分視点で」完璧に磨き上げることは、起業において価値はありません。

最初は荒削りでも、お客さまにぶつけてみて、クレームも含めてご意見を頂きながら、お客さまの要望を正確に捉えるのです。そうすることで事業は磨かれていきます。

検証フェーズにおいては、お客さまからお金を頂いたにもかかわらず納品できなかったのであれば、お詫びして返金すればいいのです。ご購入頂く際の契約書に、その旨を記載しておけば返金以上のリスクを背負うことはありません。

また、ご満足頂けなかった場合でも、最悪返金すればいいのです。

お客さまが増えすぎた場合なら、先着順で受注を打ち切ればいいだけの話です。

私は、起業の学校を通じて、これまで4000人以上の起業家を見てきましたが、起業の実態として、**「創業者が思いを持って、本気でお客さまの役に立とうと努力している段階」で、大クレームが発生することはありません**でした。

クレームや顧客トラブルが生じるのは、「人を騙してでも、自分が儲けてやろう」という思いを持っている場合か、事業拡大を通じて、事業に対する思いを持たない人がサービス提供に携わるようになった場合がほとんどです。

あなたがお客さまの課題に寄り添い、課題解決のために真剣に事業を立ち上げていこうと考えているのであれば、トラブルに巻き込まれる可能性はまずありません。ぜひ自信を持って検証を進めていきましょう。

検証を進めるときの6つの段階

❶ 「誰の」「どんな課題」を解決する「どういうサービス」なのか、60文字以内にまとめ、想定顧客に見せる

↓

❷ 「詳しく聞きたい」と言ってくれた方が、本当にお金を払ってくれるか確認

↓

❸ 既存のツール・プラットフォームを使って、認知拡大の受け皿を作る

↓

❹ プロモーションを拡大し、さらに多くのお客さまにご利用頂けるか確認

↓

❺ 商品・サービスを作り込み、提供した上で、友人紹介意向度を調査

↓

❻ 検証結果を基に、起業アイデアを取捨選択

ここからは、具体的にどのように検証を進めていけばいいか、6つの段階を見ていきたいと思います。

❶「誰の」「どんな課題」を解決する「どういうサービス」なのか、60文字以内にまとめ、想定顧客に見せる

LINEやX（旧Twitter）で送っても、ひと目で読めるボリュームでコンセプトを整理し、想定顧客に見てもらいましょう。知人・友人に想定顧客がいれば、彼らに送ってみます。いない場合はXやインスタグラムでDMを送ってみるなどして、想定顧客から「値段は？」「どうすれば買えるの？」「詳しく聞きたい」という反応が得られるか確認しましょう。

コンセプトの段階から、価格や購入方法など、自身が利用することを前提とした質問を頂けるようであれば、かなり好感触です。間違いなく、次のステップに移行するべきアイデアだと判断できます。

ここで大事なポイントは、**「すべての人からいい反応を得る必要はない」**ということで

す。

　民間企業が提供しているサービスでも、すべての人が利用しているものなどそもそも存在しません。そのため、すべての人からいい反応をもらう必要などないのです。100人中1〜3人でも興味を持つ人がいれば、可能性があるという前提で次のステップに進めていきましょう。

❷「詳しく聞きたい」と言ってくれた方が、本当にお金を払ってくれるか確認

「詳しく聞きたい」という反応が多数集まりはじめたとしても、実際にお金を頂けるまでは、商品・サービスを作る必要はありません。


　陥りがちなのは、「商品・サービスを作らないと提案ができない」ととらわれすぎて、商品・サービスの開発に3カ月ほどかけてしまい、いざ営業開始してみると「まったく売れない」というパターンです。

　このような無駄なことに時間をかける前に、「サービス提供開始は○月○日予定で、現在、先行申込を受け付けています。いかがでしょうか？　先行申込特典はこのようなもの

があります」というストーリーで、どんどん先行申込の受付を進めていきましょう。

「お金をもらっておきながら、納品できなかったらどうしよう」と考えてしまう方もよくいらっしゃいますが、その場合は**返金すれば問題ありません。**

当然、返金したとしてもお客さまの期待を裏切ってしまうことにはなりますが、すでに、先行予約販売を活用したクラウドファンディングサービスなども世の中に広がっています。事前に「納品できない場合は返金する」ということを伝えていれば、大きなトラブルになることはまずありません。

❸既存のツール・プラットフォームを使って、認知拡大の受け皿を作る

複数の先行申込・入金の確認ができ、需要がゼロではないとわかったら、商品・サービスの魅力を丁寧に伝えられる受け皿を作ることで、さらに売上が拡大しうるのか検証を進めます。

具体的には、Webで販売するサービスであればWebページの作成を、店舗で販売するビジネスであれば間借りの出店準備をはじめます。

この段階から、少しハードルを感じる方が出てくるかもしれませんが、基本的に今の時代、大金をかけずとも、ほとんどのことは無料か少額で形にできます。既存のツールやプラットフォームを活用して進めていきましょう。

具体的なツールや方法をケースごとに紹介します。

HPを作る必要があれば、**ペライチ**や**Wix**などを使うことで、プログラミングの知識がなくても、テキストと画像を入れるだけで簡単にHPを作ることができます。

また、HPを作らなくても、今の時代、綺麗めな**ブログサービス**を使うとHPっぽいものができますし、**インスタグラム**や**X（旧Twitter）**などのSNSプロフィールページを自社のHPとして代用している方も多いです。

また、オンラインでお客さまとコミュニケーションを取る必要があるサービスの場合は、**LINE for Business**でLINE公式アカウントを作れば、会話の窓口を作ることも可能です。

さらに、オンラインで決済をしてもらう場合は、**銀行振込**や**PayPay**を使ってもいいですし、**BASE**や**Shopify**などのＥＣショップを無料で作れるサービスを使うことも可能です。イベント系のサービスであれば、**Peatix**や**EventRegist**などで決済も可能です。

お金を頂かずに、問い合わせだけ獲得したい場合は、**Googleフォーム**を使うことで問い合わせ受付をできますし、面談まで獲得したい場合は、**YouCanBookMe**や**Spir**を使うことで、自身のカレンダーと接続して面談予約までできます。

リアルでのマーケティングが必要な事業で、チラシを作る必要があれば、イラストレーターやフォトショップなどなくても、パワーポイントやワードで簡単なチラシは作れます。パワーポイントを持っていなくても、**Googleスライド**であれば無料で使えます。

綺麗めなデザインを作りたければ、Googleで「チラシ　デザイン　テンプレート」などで検索すればいろんなテンプレートをダウンロードできますし、**Canva**を使えばさらに簡単に作れます。チラシの印刷や配布も、**ラクスル**や**プリントパック**を使うことで、安価に行うことができます。

店舗系のビジネスであれば、**スペースマーケットやショップカウンター、軒先、店タク**などを使うことで、1日単位で間借りできる場所を調べることもできます。

このように、今の時代、起業アイデアを検証するために必要なツールは、ほとんどが無料か超安価に利用できるようになっています。あなたの事業内容に応じて、何があれば営業やマーケティングをさらに拡大させることができるのかを整理し、形にしてみましょう。

❹プロモーションを拡大し、さらに多くのお客さまにご利用頂けるか確認

「サービスっぽいものができたのに売れないってことは、ニーズがないんだ」と捉えてしまう方が一定数います。

しかし、そもそも、「**客数＝認知した人数×購入率**」です。商品・サービスの受け皿ができ、一定の購入率が担保される状態になっていたとしても、その商品・サービスを知っ

ている人がいない限り、客数は増えようがありませんし、検証にもなりません。

いくらいい商品・サービスの紹介ページを作ったところで、そのページを見た人がいない限り売れようがないのです。

ぜひ、次はプロモーション量を増やして、認知拡大をしたときに再現性をもって顧客が増えていくかの検証を進めていきましょう。


さらに押さえておきたいポイントは、**ほとんどの場合、購入率は所詮数%**であり、10〜80%にはならないということです。

チラシを配ったとしても、チラシからの問い合わせ率は、0・3〜3%程度。

法人向けに営業DMを送ったとしても、DMからアポイントにつながる率は、0・3〜3%程度。

店舗を出店したとしても、店頭看板だけでいきなり当日来店してくれる方は、ほとんどいません。


つまり、チラシであれば最低でも300枚程度、営業DMであれば300通程度必要です。店舗出店であれば事前告知や店頭チラシ配布などの来店喚起と、リピート客の積み上げを含めて取り組んでみます。そうしなければ、売上ゼロであったとしても、それが需要がないからなのかどうかの検証にすらなりません。

右記の相場感を踏まえた上でも、「**こんなにやっても売上ゼロか**」**と思える程度のボリュームまではプロモーションを拡大**してみた上で、新規顧客の獲得ができるかどうかの検証を進めていきましょう。

❺商品・サービスを作り込み、提供した上で、友人紹介意向度を調査

ここまでは需要があるか、新規顧客が獲得できるかの検証でした。需要があり、新規顧客が獲得できることがわかったら、次は本当にご満足頂けるサービスを提供できるかどうかの検証が必要になります。

すでにこの段階までで、複数のお客さまと接点を持ち、購入頂けるだけのコミュニケーションが取れるようになっているはずです。従ってお客さまが何を求めているのかは、解

像度高く理解できるようになっているかと思います。そのお客さまの声を基に、商品・サービスを具体的に作り込み、提供をはじめていきましょう。

商品・サービスの検証段階で押さえておきたいポイントは、商品・サービスを提供してみた上で「満足度」を確認するのではなく「**友人紹介意向度**」**を確認する**ことです。

しばしば、納品後アンケートなどで、「ご満足頂けましたか？」などの問いで満足度を取得することがあります。しかし、「満足」という言葉に含まれる概念はかなり幅広く曖昧なため、満足したと回答していても、必ずしもリピートや紹介につながるとは限りません。

日常生活を振り返ってみても、特段不満がなく満足した飲食店があったとして、必ずしもリピートしたり、友だちを連れて行ったりするわけではないと思います。友だちを連れて行こうと思うには、さらにもう一段深い理由が必要なのです。

だからこそ、「あなたはこの商品・サービスを、友人に勧める可能性はどれくらいありますか？」の問いを投げ、0～10の11段階で回答してもらい、9～10の比率を捉えにいきます。

11段階評価のうち、5を「どちらでもない」に設定していたとしても、平均的な方は、7か8をつけますので、**7か8の評価では実際には紹介や口コミは起こりません。**

お客さまの価値観も多様なため、当然すべての方に満足頂ける商品・サービスを作るのは不可能です。しかし、9～10をつけてくれる方がゼロの状態であれば、事業の成長は望めません。まずは、批判的な0～6の回答を減らし、1人2人でも9～10と回答してくださる方を生み出せるように、商品・サービスの検証と改善を進めていきましょう。

❻検証結果を基に、起業アイデアを取捨選択

起業アイデアを複数選び、検証をはじめていたとしても、ここまでの検証を進めることで、起業アイデアがかなり絞り込まれてくるはずです。

自分がいいと思っていたアイデアも、想定顧客に聞いてみたら全然ダメだと言われる可能性もありますし、知人には売れたとしても、それ以外のお客さまをまったく獲得できないという可能性もあります。

また、実際に商品・サービスを提供してみると、実態はやりたかったこととまったく異なり、自分が楽しめないという可能性すらあります。

誰が起業しても、想定外はつきものです。

しかし、仮説検証を進めていくと、顧客接点を通じたインプットが積み重なり、お客さまが何を求めているのか、解像度高く理解できるようになってきます。**選択していたアイデアすべてがダメだったとしても、次に考えるアイデアはより精度が高いアイデアを出せるようになるはず**です。ですから、またアイデア出しに立ち返って、行きつ戻りつを繰り返していきましょう。

この段階までで、売上がつき、お客さまに友人紹介意向度を担保した商品・サービスを提供できるアイデアが複数出てきた方もいるでしょう。その場合は、あなたの起業目的・ゴールの達成により近いと感じるものを、検証データを基に選んでいきましょう。

5

63日目までに

ステップ7 実績を基に、事業計画を整理してみる

ここまでに、「もっと早く、事業計画を作ったほうがいいのでは？」と感じる方もいたかと思います。

当然、忘れているわけではなく、意図的に事業計画を作るというステップを入れていませんでした。ここまでの検証を経ることなく、検証データにも基づかない事業計画は、机上の空論に過ぎないため、作ったところで時間の無駄になることがほとんどだからです。

しかし、検証フェーズから脱し、あなたの時間とお金を投資して事業を伸ばしていこうと考える段階においては、今後の計画とシナリオが実績に基づいて描けていないと、不安

が払拭できず、意思決定ができなくなります。

家やマンションを買うシーンを想像すると、その必要性がイメージしやすくなります。家を建ててくれる工務店やマンションを建ててくれる不動産ディベロッパーの、過去の建築実績だけを見てお金を払えるかというと、難しいのではないでしょうか？　しかし、どのような設計図面で、どんなスケジュールで、どんな家が建つのか、といった計画が明確になると、お金を払いやすくなります。

事業計画を作る一番の目的は、あなた自身の時間とお金を一定以上投資するに際して、あなたの不安を払拭することです。**どんな事業構造を構築していくことにより、どんなスケジュールで、どんな事業・会社ができていくのか。その計画が明確になると、時間とお金を投資する勇気が湧いてきます。**

また、計画が明確になっていれば、事業がうまくいかない状況が発生したとしても、計画とのズレが可視化されやすいため、早めに気づくことができ、軌道修正を図ることができます。

「事業計画を作る」とはいっても、この段階では、銀行や投資家から資金調達をする段階ではありません。そのため、表現方法にこだわった丁寧な資料は不要です。1週間くらいで、あなたの思考が整理される程度の計画を作成していきましょう。

整理しておきたいポイントは7つです。

❶ 誰のどんな課題を対象としているのか？　課題を持った人はどれくらいいるのか？

事業を伸ばしていくにあたり、サービスを改善していく際の起点となるのは、お客さまが抱える課題です。事業とは、お客さまの課題を解決するものですので、当たり前の話です。

しかし、事業を伸ばしていこうと考え、どうすれば伸びるかをいろいろ考えていくと、思いつきの施策をあれこれ実施してしまい、顧客課題とズレることがしばしば生じます。

また、事業を伸ばそうといろんな方々と接点を持っていくと、顧客ターゲットでもない人からいろんなことを思いつきでアドバイスされるため、これまた顧客課題とズレがしばしばしば生じます。

このようなズレが生じないためには、拡大フェーズに入る前に、「誰のどんな課題」を対象にした事業なのか、明確に言語化することが鍵となります。

そこでまず行うことは、**検証期間で商品・サービスを購入して頂いた方に、次の3つをインタビューすることです。**

- **購入前においては、課題に関する状況はどうだったのか**
- **他にも検討した商品・サービスはあったのか**
- **なぜこの商品・サービスがベストだと判断してくださったのか**

たまに陥ってしまうのが、商品を買ってくれていない方に、「どんな商品・サービスがあったらいいと思いますか？」というインタビューを重ね、その意見を基に顧客課題を言語化してしまうミスです。

例えば、観光地の飲食店に対して、訪日外国人を対象としたWebマーケティングのコ

事業計画を作る前に整理しておきたい7つのポイント

1 …… 誰のどんな課題を対象としているのか？
課題を持った人はどれくらいいるのか？

2 …… どんな商品・サービスなのか？

3 …… どのようにサービス提供を行うのか？

4 …… 売上・利益の見通しは？

5 …… 持続的な優位性は？

6 …… なぜ、あなたがそれをやりたいのか？

7 …… いつまでに、何をやるのか？　想定されるリスクとその対応策は？

ンサルティングを行うサービスを考えたAさんとBさんが、インタビューを実施したことがありました。

Aさんは、飲食店オーナーに「訪日外国人観光客の獲得に対して、どんな課題を抱えていますか？」とインタビューしました。

一方のBさんは、飲食店オーナーに「最近、訪日外国人観光客の獲得に向けて、どんな取り組みを行っていますか？　いつから、その取り組みを行っていて、なぜ、その施策に投資しようと判断されたのですか？」とインタビューしました。

この結果には、明らかな違いがありました。

Aさんが得た回答は、「もう一段、多くの人に来てもらえるといいんだけどねぇ。海外の有名メディアやインフルエンサーに取り上げてもらえるといいんだけど」という曖昧なものでした。

一方のBさんが得た回答は、「創業当初は、Google広告とかSNS広告とかやってたけど、どれも効果がなくて、数カ月で辞めて、それ以来、外国人観光客が多く宿泊するホテルのコンシェルジュの方にご挨拶回りをすることを徹底しているかな。多くの人が、来日してからホテルのフロントで相談して、行き先を見つけることも多いようだから。そこからお客さんが来るようになったので、それ以来、ホテルからの紹介を徹底しているよ。やっぱり、本当に来店があるという成果につながらないと意味がないから、来店につながる施策にお金と時間は投資しているかな」という具体的なものでした。

以降、Bさんは、Webマーケティングのサービスではなく、ホテルのフロントで配布してもらえるマップフリーペーパーの広告事業に切り替え、事業を成功させていました。一方のAさんは、インフルエンサーマーケティングのサービスを立ち上げましたが、実際には売り上げが立ちませんでした。

このように、「お金も時間も使っていない人が、思いつきの感想で語る意見」と、「お金や時間を投資した人が、お金や時間を投資するまでの行動に至った背景」とは似て非なるものなのです。**お客さまの「本音」は、「意見」ではなく「行動」に現れます。**

そのため、事業計画を作る際には、**「行動」に現れた本音の顧客課題を丁寧に捉え、言語化していきましょう。**

顧客課題が言語化できたら、次は、あなたの事業がどこまで成長しうるのかを見立てるために、その量を調べておくことが必要です。

その**課題を解決するために払われるお金がどれくらいあり、さらにはその課題を抱えている方がどれくらいいるか**によって、成長の天井が決まってきます。

その試算の参考になるのは、競合の情報です。

本当に需要がある市場であれば、インタビューをしていると、必ず比較対象とされる競合サービスが存在するはずです。その競合サービスを行っている主要な企業の売上や顧客の規模をすべて調べることで、どこまで成長できる可能性があるのかを試算することができます。

この試算をする際の注意点は、**あなたが対象に置いている顧客・エリア・市場を軸に計算をする**ことです。

例えば、観光地にある飲食店向けのマーケティング支援事業を考えているにもかかわらず、日本全体の広告市場の市場規模を基に考えたところで、規模感が大きくズレてしまいます。あなたが対象に置いている顧客・エリア・市場における直接的な競合・代替手段を捉え、適切な市場規模を計算してみましょう。

❷どんな商品・サービスなのか？

事業が拡大・成長していくためには、「とにかく営業」「とにかく安売り」を続けていては、限界があります。「売らなくても売れる仕組み」が構築されていることが、事業成長の鍵となります。

そのためには、**あなたの商品・サービス（Product）や価格（Price）、プロモーション**

方法・メッセージ（Promotion）、また商品の流通経路（Place）が、先に整理したお客さまの課題と整合性を持って設計されていることが大前提となります。

例えば、単純にポテトチップスを販売しようと思っても、コンビニで販売する場合と、スーパーで販売する場合とでは、客層と需要が異なるため、商品も価格もすべて整合性があるように調整されています。

コンビニの場合は、独り身男性の酒のつまみなどで利用され、スーパーの場合は、子連れの親御さんが子どもが満腹になりすぎないおやつとして利用されるのだと想定されています。

結果、コンビニで売られているポテトチップスは、コンビニ限定味などの新しい味が次々と投入され、量も80グラムなど基本の量が少し多めになっていて、単価も高めです。一方で、スーパーで売られているポテトチップスは、うすしおなど定番味を基本とし、量は60グラムが基本とされています。価格もスーパーの特売に協力するなど、安めに抑えられています。

このように、「**売らなくても売れる仕組み**」**に至るためには、一見、同じような事業を展開しているように見える商品・サービスであってすら、細部を調整して設計しています。**

商品・サービス（Product）、価格（Price）、プロモーション方法・メッセージ（Promotion）、商品の流通経路（Place）を4Pと呼びますが、この4Pがあなたが対象とするお客さまの課題・ニーズと整合性があるように丁寧に言語化していきましょう。

❸どのようにサービス提供を行うのか？

ここまでの段階で、事業検証を実施し、新規顧客の獲得からサービス提供、リピートや紹介の獲得までできていれば、1人で事業を運営する限りは、業務の流れはイメージできていると思います。

ただ、事業の拡大フェーズに入ると、業務量が拡大し、1人だけでは回らなくなるケースも想定されます。その場合、業務の混乱が生じたり、人件費がかさんだりしてしまう可能性もあります。また、その拡大する業務の難易度によっては、採用コストがかさむ可能性すらあります。
そのため、事業を拡大しつつも安定的に稼働させていくために、**どのような業務がどのような流れで存在し、それぞれにどれくらいの時間がかかり、事業拡大に伴って増加する業務はどれなのかを、抜け漏れなく整理**しておきましょう。

事業拡大に伴う、業務量の拡大を考えるにあたり、押さえておきたいポイントは、どの業務を外注してコスト低減に努め、どの業務を内製化して自ら改善に取り組むべきかの切り分けです。

誰がやってもいい業務は外注すべきですが、その事業の勝敗を分ける本質的な価値を生む業務は外注した時点で情報が漏洩し、勝てなくなってしまうので、内製化が必須になります。

例えば、ＩＴ系のサービスを起業する際は、エンジニアを採用して内製で開発するべきか、外注して開発するべきか、の議論がよく出てきます。
飲食店や求人情報の比較サイトのように、掲載されている情報量によって価値が決まるサービスについては、営業人員の拡大に力を注ぎ、システム開発自体は外注でもいい可能性があります。

一方で、検索エンジンのように、ユーザーの検索ニーズに対して最適な情報をスピーディに表示するテクノロジーの力で勝負が決まるサービスについては、開発を外注してしまうと勝てるはずがありません。

何を内製化し、何を外注すべきかが明確に設計できれば、事業を拡大していく上での業務プロセスも設計しやすくなります。

❹売上・利益の見通しは？

ここまでの段階で、事業構造を整理してきましたが、最終的な事業の実施判断は、「利益が出るか否か」です。この時点までに検証を通じて取得したデータや整理してきた事業構造を基に、計画値に落とし込んでいきましょう。

利益の計算式は、「利益＝売上－コスト」というシンプルなものです。ただ、この抽象

分解すべき数値

利益 ＝売上－コスト

売上 ＝客単価×客数

コスト
＝仕入れ・製造コスト＋他経費

客単価
＝１人当たり購入点数×商品単価

客数
＝新規顧客数＋リピート顧客数

リピート顧客数
＝新規顧客数×リピート率

新規顧客数
＝接点数×購入率

度だけで見ていても、未来を見通すことは難しいです。それぞれの数値を、もう一段分解して試算することが必要となります。

例えば、家計についても、「世帯収入」という大枠だけで見ていたら、将来どこまで伸ばしうるのか考えることが難しいです。しかし、夫婦それぞれの収入に分解し、給与収入なのか、投資収入なのか、ポイント収入なのかなどに切り分けることで、どこの部分はどんな施策で伸ばすことができるのかを考えられるようになります。

ただ、詳細な分解までする必要はありません。上の図に記載した程度に数値を分解し、計算することで、投資判断ができるレベルの精度に引き上がります。参考にしてみてください。

それぞれの数値について、**1日単位、1週間単位、1カ月単位、1年単位、3年単位まで広げて、どの指標がどこまで拡大しうるのか、シミュレーションをしてみましょう。**

ここで大事なポイントは、ベストシナリオ、妥当シナリオ、リスクシナリオと、複数のシナリオを構築しておくことです。複数のシナリオを持っておくことで、実際の数値が妥当シナリオから外れたときに、何をやるべきかスピーディに判断ができるようになります。

仮にベストシナリオに傾いた場合、いいことだらけだから何の打ち手も実施しなくていいかというと、現実にはそういうわけではありません。お客さまが一気に増えすぎた場合、仕入れや在庫管理、サービス提供の人員拡大など、コストの増加スピードを速める必要が出てきます。すると、資金調達も必要になるかもしれませんし、採用・人員育成など、新たに取り組むべきことが多々発生します。

逆にリスクシナリオに傾いた場合、現金の流出が、あなたが起業に使っていい金額の上限値まで、どれくらいのスピードで到達してしまうのかを見立て、それまでに改善施策の仮説検証と、撤退判断をスピーディに行う必要が生じます。

どちらに転んだとしても、事前に想定しておきさえすれば、慌てることなくスピーディな判断が可能になります。ぜひ、**数値を分解した上で、ベストシナリオ、妥当シナリオ、リスクシナリオの3パターンで、1日単位、1週間単位、1カ月単位、1年単位、3年単位の計画を作成してみましょう。**

❺ 持続的な優位性は？

ついさっき書いたことを覆すような話ですが、仮に1年単位、3年単位で計画を立てたとしても、もしあなたが順調に事業を伸ばせるほど成功しはじめると、必ず他社はあなたの真似をはじめます。最初は競合がいなかった市場においても、あなたの取り組みが、美味しいビジネスだと判断された瞬間に、競合他社が急増することになります。

すると、お客さまにとっての選択肢が増え、お客さまの商品・サービスを選ぶ基準が変わることがあります。つまり、あなたの商品・サービスがお客さまにとってベストな選択肢でなくなる可能性も出てきます。

このような競合・顧客の変化はどんな時代でも発生するため、仮に拡大を志向して事業経営をしていく場合は、その変化を見越した上で、それでも勝ち続けられる構造を考え続ける必要があります。**あなたの事業においては、どのような構造で競合への模倣困難性を作り出し、自社の優位性を維持・拡大し続けられる仕組みを構築できるのか、整理しておきましょう。**

このように書くと、「難しそう」に感じるかもしれませんが、**特にサービス業を小さく運営していくにあたっては、模倣困難性の構築はそこまで難しい話ではありません。**

例えば、あなたが店頭に立つバーを経営する場合、あなたの人間性やコミュニケーション能力が優位性となり、事業が立ち上がることがあります。

「私の人間性やコミュニケーション能力なんて、大したことないからすぐ真似されちゃう……」と感じていたとしても、**意外と人としての特性に紐づいた事業は真似がしづらく、それだけで模倣困難性が担保されることが多い**です。

恋愛においても、「人間」という存在は膨大にいますが、なぜか多くの人は好きになった人に対して、「この人じゃないとダメ」と思い込んでしまいますよね。それと同じように、創業者であるあなたに優位性が紐づいた事業については、第三者が簡単に真似ることが難しく、模倣困難性を構築しやすいのです。

ただ逆に、それ以外の観点で模倣困難性を構築していくことは至難の業です。

一般論としては、特許取得や独占、先行者優位、規模の経済、ブランド構築などいろんなことが語られたりしますが、現実的には一零細企業の創業時に、そのようなことを構築することは難しいです。

おそらく、特許を取得できるような技術を持った起業家も少ないでしょうし、排他的な独占契約を創業時の零細企業が各社と締結できることもほとんどありません。

また、利用者が増えれば増えるほど商品価値が高まる先行者優位の事業として事業構造を設計したり、製造個数が増えれば増えるほど製造コストが下がる事業として事業構造を設計していったとしても、大企業が大規模資本で参入してきた瞬間に、零細企業が構築した優位性など一瞬で吹き飛んでしまいます。

そのため、模倣困難性・持続的優位性の構築にあたっては、**創業当初は、創業者であるあなただからこそできること、という「人」に紐づいた構造で構築していく**のが考えやすいというのが私の結論です。

ぜひ、取り組んでいる事業について、あなたのパーソナリティに紐づけながら、なぜあなただからこそ勝てるのかについて、言語化しておきましょう。

❻なぜ、あなたがそれをやりたいのか？

まず注意して欲しいのは、これは「あなたが、人生をかけて取り組みたいテーマは何ですか？」という問いではありません。

自己啓発本などを読んでいると、自分の人生のテーマを探すことが正であるかのような情報があちこちに散見されますが、ほとんどの場合、自分が人生をかけて取り組みたいテーマなど、探し続けても見つかりません。

そもそも、人は「知れば、好きになる」ことが多いため、仮に人生のテーマが見つかったつもりになったとしても、所詮知っている範囲で考えたレベルに過ぎないのです。追加で新しいことを知れば、コロコロ考えが変わってしまうことが多いのです。

ここで整理をしておくべきことは、**あなたの事業が解決している顧客課題・社会課題に対して、あなたが共感しているポイントを、具体的なエピソードと紐づけて言語化しておくことです。**

おそらく、検証をはじめる前の段階では、特段「やりたい」という気持ちがなかったとしても、実際に仮説検証をはじめてお客さまと接点を持ちはじめると、事業への思い入れが出てきているはずです。

悩みに直面して困っているお客さまの課題を知れば知るほど感情移入し、何としても解決したいと思いはじめます。

また、あなたが提供する商品・サービスを通じてお客さまが幸せになる過程を見れば見るほど、もっと多くの方に届けたいと感じるようになってきます。

その思いを、具体的なエピソードとともに書き留めておきましょう。

例えば弊社も、「挑戦の味方」であることを会社の存在価値と置いています。この言葉は、受講生の皆さんが受講中にしばしばおっしゃってくださった言葉と、私自身の原体験とが紐づいています。起業の学校を立ち上げてから、受講生の方から、次のような言葉をしばしば投げかけられました。

「起業の学校に入る前は、起業に関する相談を友だちにしても家族にしても、ことごとく『お前には無理だからやめておけ』と否定され続けました。ただ、起業を志す人だけで集まった学校においては、起業へ挑戦すること自体に対して誰からも否定されませんでした。はじめて、自分の本音で会話し、相談できて本当に嬉しかった」

私が創業した際もまさに同じで、周囲に自分の志や思いを話していると、「無理だからやめておきなよ」「会社員がそんなに嫌なの?」などと言われ続けました。「なぜ、人が志を持って挑戦しようとしている中で、こんなにも他人は否定し続けるのか」とストレスを抱えたことも多々ありました。ただ、このような孤独で辛い経験を自分自身もしてきたからこそ、この孤独感・悩みを自分のサービスで乗り越えてくださっている方のお役にもっともっと立ちたいと思うようになりました。

そのような私自身の思いとお客さまの声を忘れないために、「挑戦の味方」という言葉にまとめ、常に見える場所へ掲示しています。

事業を拡大するフェーズに入ってくると、ルーティンワークやつまらない仕事が増える可能性もあり、一部のお客さまからクレームを頂くようになるかも知れません。しかし、立ち上げの段階で感じていた思いを書き留めて言葉にしておくことで、継続的に挑戦し続けやすくなります。

❼いつまでに、何をやるのか？　想定されるリスクとその対応策は？

④で整理した売上・利益の目標を達成していくための行動を洗い出します。それを基に**直近3カ月以内にやるべき具体的な業務を、納期とセットで手元のカレンダーに入れていきましょう。**

加えて、**将来に予見されるリスクについても洗い出し、対応策まで考えておくと、万一想定外のことが生じたときでも慌てずに進めていくことができます。**

例えば、嫌な競合が参入してきた場合には、どんな施策をいつからスタートするのか、コロナ禍やリーマンショックなどのように社会が大きく変化した場合には、どのように軌道修正するのかを考えます。また、法的リスクが想定される事業の場合は、専門家に対応方法を確認し、当該リスクを乗り越えるための対応策も行動計画に入れておきます。

万一のリスクも含めて想定しておくことで、不安を少なくして進めることができるでしょう。

①~⑦のような事業計画整理は、面倒な作業も多く、それなりに時間がかかってしまうかもしれません。そうだとしても、一度立ち止まって整理をしておくことで、次にやるべきことが明確になります。すると結果的に事業の推進スピードと成長スピードが前倒しできるのです。

6

90日目までに

事業計画の整理ができたら、本格的に営業活動をはじめていきましょう。

営業やプロモーションの量を拡大することに比例して、売上・利益が計画通りに拡大するかどうかの検証をします。その営業活動の成果とその振り返り内容に応じて、起業アイデア出しの段階に立ち戻るのか、退職してその事業の拡大に専念するのか、さらには法人登記の手続きに入るのかなど、次のステップを決めることになります。

ただ、本格営業開始といっても、所詮ここまでの段階で取り組んでいる仮説検証量は大した規模ではないはずです。そのため、失敗が多発することを大前提とします。ですから、**少しうまくいかなかったからといって、すぐにダメだと諦めずに改善を続ける**ことが重要です。

よく陥ってしまうのが、他社で成功している会社がたくさんある市場に立脚しているにもかかわらず、自身がちょっとうまくいかなかっただけで、「ニーズがない……」と考えてしまうことです。

他社の成功企業が多数あるのに、あなたがうまくいかないのであれば、それは「ニーズがない」のではなく、「あなたのやり方が悪い」だけですよね。

にもかかわらず、そのような思考に陥ってしまい、起業アイデアをコロコロ変えることを繰り返すと、何の起業アイデアに挑戦しても同じところでつまずいてしまいます。結局、起業を諦めることになってしまうのです。

うまくいかない原因を正確に捉え、改善できるものなのか、今のあなたには難しいものなのかを判別していきましょう。

ステップ8　事業収益の再現性が担保できるか確認

営業やプロモーションの量を拡大しているにもかかわらず、利益・売上が伸びない状態が続く場合、問題点を正確に捉えるには、次の数値のうち、どの数値に想定と差分が生じているのかを確認することが鉄則です。145ページで述べたものと同じですが、改めて記しておきます。

〈分解すべき数値〉

利益＝売上－コスト
売上＝客単価×客数
コスト＝仕入れ・製造コスト＋他経費
客単価＝1人当たり購入点数×商品単価
客数＝新規顧客数＋リピート顧客数
リピート顧客数＝新規顧客数×リピート率
新規顧客数＝接点数×購入率

このように分解して探っていくと、**最もよく発生する問題は、「購入率」の事前想定が高すぎること**です。

事業の検証をはじめた段階では、あなたを信頼してくれている知人・友人が購入者となっていることもあり、購入率が極端に高く出ていることがあります。しかし、現実に事業を拡大していこうとすると、あなたのことを知りもしない信頼関係もない方に営業活動を行っていくことが必要ですので、当然のように購入率は飛躍的に下がるのです。

その購入率が下がったことを問題と捉えて引き上げようとしても、現実的な引き上げ幅には限界があります。にもかかわらず、高く想定しすぎた目標値との差分に悩み続け、「この事業はダメだ」と考えてしまうのです。

大事なことは、**あなたが知人・友人で検証した数値を基に判断するのではなく、同業他社の営業担当にヒアリングしてつかんだ購入率と比較して低すぎるかどうかで判断すること**です。

事前想定が高すぎる場合は、想定の目標値を修正することが必要です。

それでも**購入率が低すぎる場合は、事業計画書作成の際に整理した４Ｐ（Product／Price／Promotion／Place）のどれかが、ターゲットとするお客さまと整合性が取れなくなっている**可能性が考えられます。

プロモーションの訴求メッセージを複数パターンで切り替えて購入率が上がらないか確認する、売り場のディスプレイを複数パターンで切り替えて検証する、商品自体をお客さまの声に合わせて調整する、などに取り組みましょう。安定的に購入率が担保できる状態を作ることができるか、確認していきます。

他にも、リピート率が想定より著しく低い場合は、商品・サービス自体の改善やリピート喚起施策の仮説検証をします。

１人当たりの購入点数が想定より著しく低い場合は、セット売りの仮説検証など、想定と差分がある項目を特定した上で、仮説検証を繰り返していきます。

あなたが**お客さまの声を聞きながら思いつく限りの仮説検証を取り組んだにもかかわら**

ず、収益化できるレベルに至らないのであれば、今のあなたでは勝てない事業領域なのかもしれません。起業アイデア出しに立ち返って、他のアイデアの検討を進めていきましょう。

逆に、計画通りに利益・売上が伸びはじめた場合は、いよいよ起業段階に入っていきます。

ステップ9　1カ月の想定売上・利益目標を達成できたら、退職交渉を開始

退職するべきかどうかは、当然ながら、あなたが起業にチャレンジしている目的によって変わります。会社員と両立できる副業用の事業を作ることが目的の場合は、退職する必要はありません。しかし、独立を目指している場合は、退職するかどうかの判断基準となる売上・利益を達成できる見込みが明確になってきたら、退職交渉をはじめていきましょう。

退職・独立判断の基準を考えるに際しては、2点だけ注意しておきたいことがありま

す。

1点目は、**給与額の認識**についてです。

「会社の手取り給与額と同じ金額が、利益として残るようになったら退職しよう」と言う方がいます。

しかし実際には、事業を通じて利益が生まれると、その利益から税金を払う必要が出てきます。そのため、税引き後で自由に使えるお金は、利益額よりももう一段少ないのです。

ですから、**「会社の税引き前の額面給与」と「事業活動を通じて残った利益」を対比しましょう。**

細かく考えれば、社会保険の金額も違ったり、税額の計算方式も変わったりしますが、その差は誤差の範囲程度です。また「独立すると退職金もないからその分も加味して考える必要がある」などと言う方もいますが、逆に独立すると定年がないため働き続けることができるプラスもあるはずです。

ですから、額面給与と事業利益とのバランスで判断するのがシンプルでいいかと、私は考えています。

2点目は、**稼働時間を加味した上で計算すること**が必要であるということです。

おそらく、会社員として働いている方は、最低でも週に40時間以上は働いている方が多いのではないでしょうか？　その上で、今の会社の給与額があるはずです。

一方で、副業的に立ち上げている起業活動については、時間をかけることができていたとしても、おそらく週に10〜20時間程度が限界なのではないでしょうか？

これだけ稼働時間が違うにもかかわらず、「会社からもらっている給与と同じ利益額が出たら退職・独立しよう」と考えていると、ほとんどの方はなかなか退職・独立に踏み切ることができません。稼働時間に対する生産性が2〜4倍になることを、意図せず判断材料にしてしまっているのです。

仮に、**働きながらの起業活動で20時間稼働しているのであれば、会社の額面給与の半分の金額に利益が到達したら退職・独立すると決めておくのが本来的なバランス**になります。

ぜひ、稼働時間も加味した上で、退職・独立の基準は決めるようにしてみてください。

いざ、退職に踏み出すことを決めた場合、法律上は、退職の申し出から2週間経てば退職することは可能です。しかし、退職・独立したあとは、会社という後ろ盾がなくなる以上、人としての「信頼」が起業活動を進める基盤となります。今の勤務先の人と、いつ一緒に仕事をすることになるかもわかりません。信頼関係を崩さずに退職できるよう、1カ月前や3カ月前など、勤務先が後任の体制も構築できるようなサポートもしながら進めていきましょう。

ステップ10　法人か、個人か。どの主体で進めるかを決めて手続き

退職を決め、起業・独立していくことを決めた場合は、事業運営の主体を個人でやるのか法人でやるのかを決め、それぞれにあった手続きを進めていきましょう。

税率は個人か法人かで異なります。

個人の場合は、累進課税のため、所得が増えれば増えるほど税率が上がっていきます。

所得税については5～45％の幅があり、それに加えて住民税が10％かかります。

一方で法人の場合は、利益が800万円以下の部分については法人税率が15％、800万円を超えた部分の法人税率は23・2％かかります（2023年10月現在）。

それらを計算していくと、**まずは個人で運営し、利益規模が年700万～800万円程度に達してきたら法人化すると税金面で得をする**と言われています。

ただ、事業の成長を志向する場合、個人よりも法人で取り組んだほうが成長スピードを引き上げられることもあります。

主に、**顧客獲得、仲間集め、資金調達**の3つの観点からそう言えます。

顧客獲得において、特に**法人向けサービスの営業活動に取り組む場合、一部の企業からは「うちは法人とじゃないと取引ができない」と言われることがあります。**そのようなお客さまともスピーディに取引をはじめ、事業拡大を進めるには、法人化しておく必要があります。

新規開拓営業に取り組む際も、こちら側の肩書きが、「個人」なのか「株式会社の代表取締役社長」なのかによって、相手企業から出てきてくれる方の役職が変わることがあります。役職が上の人が出てきてくれればくれるほど、決裁権限がある関係上、営業においては受注率が上がります。そのような観点においても、法人化しておくことで、事業の成長スピードを引き上げることが可能になります。

また、**法人か個人かでは、圧倒的に優秀な人材の採用難易度は変わります。**本質的には、法人であろうが個人であろうが、雇用契約の有効性が変わることはありませんが、事実、皆さん自身が転職しようと考えた際にも、個人事業主の方に社員として雇われることには、漠然と不安な気持ちを感じる方が多いのではないでしょうか？

さらに、**資金調達をする際も、法人化しているだけで話を聞いてもらえる可能性が変わります**し、株式会社を設立しておくことで、株式を発行することを通じた資金調達が可能になるなど、資金調達の選択肢を広げることが可能になります。

そもそも法人といっても、株式会社を作るのか合同会社を作るのかで悩む方もいらっしゃるでしょう。
設立費用自体は、株式会社の場合は20万~30万円程度かかる一方で、合同会社は10万円以下でできます。課税制度は変わりませんし、銀行口座も同じように作れますので、法人としての機能に違いはありません。
唯一の違いは、株式の発行を通じた資金調達ができるかどうかになります。自己資金のみ、もしくは銀行からの融資を主軸に事業を運営していく場合は、合同会社で事足ります。しかし、上場を目指したり、投資家からの資金調達を行って事業を成長させていく際には、株式会社という組織をとることが必須となります。

このような観点を基に、個人か、株式会社か、合同会社かなど、どんな主体で事業を進めるのかを決め、手続きを進めていきましょう。

個人事業主として事業運営をしていく場合は、地域の税務署に行って「開業届」と「青色申告承認申告書」を出すことで、事業がスタートできます。手続きも簡単ですので、税務署に行って窓口で聞いてみてください。特段、勉強などは必要ありません。

法人を作る場合の手続きは、今は、インターネットで行うのが一番安くなっています。

「マネーフォワード　クラウド　会社設立」や「freee 会社設立」などで検索すると、会社設立に必要な書類をすべて自動作成してくれるサービスが出てきますし、その指示に従って進めていけば、3週間程度で会社が設立できます。

たまに、「会社の作り方を学びたい」と言って、私たちの起業の学校へいらっしゃる方がいますが、会社の作り方は、インターネットサービスを使えば勉強など一切必要なくネット上でできます。まずは、先に述べたようなサービスに登録してみることをオススメします。

起業のスケジュール

初日

起業の目的・ゴールを定義する
これまでの経験を洗い出す
制約条件を書き出す

7日

成功事例・ロールモデルを探す

21日

起業アイデアを作る

28日

「検証。検証。検証」

サービスは完成させず、とにかく早く反応をみる

56日

実績を基に、事業計画を整理してみる

63日

本格営業開始

90日

※それぞれのアクションは流動的で同時並行で行うのが本来あるべき姿です。
例えば、「成功事例・ロールモデルを探す」のも7日目以降も継続的にやる方が多いです。

「検証」もできるだけ早く進めたほうがいいので、アイデアを考えながらどんどんはじめていくのが基本です。

7 90日の間に挫折しないためには

さて、ここまでお読み頂いて、起業に向けた行動について、新たな気づきはありましたでしょうか?

私が言うのも問題ですが、正直どこかで聞いたことがあるようなことばかりではなかったですか? 実は、私自身そう思っています。

その理由は、多くの大学に経営学部や商学部が設けられていることからもわかるように、起業・経営において考えるべき論点というのは、世界的に体系化されているからです。

しかし、現実世界においては、労働人口のほぼ2人に1人の方が起業に「興味がある」

と言っているにもかかわらず、実際に起業している方はたったの4%。ほとんどの人が「興味はある」けど、「起業」できていないのです。

つまり、「やるべきこと」は、本を読んで勉強すればわかるとしても、「実践」しようとした際に立ちはだかる壁が大きいわけです。この**「実践」の壁をどうすれば乗り越えられるのかが、大きな分岐点**となるのです。

では、実践においては何が難しいのでしょうか？

「実践」の難しさを理解するために、大学受験を例に考えていきたいと思います。

例えば、東京大学に行きたいと考えた場合、東大合格のための勉強法自体は巷に溢れています。どの教材をどれくらいの理解度と演習レベルまでやり切れば合格できるかまで明記されていたりもします。

しかし、ほとんどの人は、受験をすることとすらせずに終わります。

なぜ合格できないかというと、やるべきことを、やるべきレベルまで、やり切ることが、難しいからです。

ただ、大学受験のための塾に通うことで、自分1人で勉強している場合よりも、合格率を引き上げることができます。それは、やるべきことをやらざるを得ない環境があり、周りからやるように要望されるからです。

実際ほとんどの人は、入塾前よりも入塾後のほうが成績は上がります。塾の品質云々ではなく、塾に通い、勉強量が増えることで成績が上がるのです。

起業も同じです。

会社組織で働いていると、今週中に営業電話を500件かけろと上司から言われたら、おそらくほとんどの方はちゃんと今週中に営業電話を500件かけきるのではないでしょうか？　上司が納期を明確に示し、行動管理をし、やらざるを得ない環境を提供してくるからです。

しかし、自分で立ち上げる事業について、今週中に営業電話を500件かけてみようと思ったとして、本当に今週中に営業電話を500件かけきれる人はかなり少ないです。**やらざるを得ない環境がなければ、大変なことや難しいことを人はついつい先送りにしてしまう**のです。

だからこそ、ライザップがダイエットをやり切れる環境を提供しているように、私たちも起業におけるライザップのような場として、3カ月で起業をやり切る塾を運営しているのです。

ただ、私たちの塾に来られる方ばかりでもないですから、ここでは、あなたが1人で起業の実践に踏み出せるよう、よくある挫折ポイントとその乗り越え方を整理しました。

挫折ポイント1　起業アイデアが見つからない

107ページでも述べた通り、起業の目的・ゴールの達成に近い成功事例を探して、皆でアイデア出しを行えば、「起業アイデアが見つからない」なんてあり得ない。そう思いませんか?

1人で考えるのではなく、周囲の仲間を巻き込んでアイデア出しを行えば、アイデアがまったく思いつかないなどあり得ません。

また、例えば月に30万円とか50万円稼ぐだけであれば、近隣の家のエアコンをクリーニングして歩くだけでも達成できますし、洗車代行サービスと称して近隣の家の車を洗って歩くだけでも達成できる可能性があります。そんなに難しいことではないわけです。
しかし、現実には、「起業アイデアが見つからない……」と言って、挫折してしまう方が一定数います。

本当の**挫折理由は、「起業アイデアが見つからない」のではなく、『自分が憧れるカッコイイ起業アイデアが見つからない』**のです。

何の起業経験もない初心者が、いきなり大成功しているソフトバンクの孫正義さんや楽天の三木谷浩史さんのようになることを想定してしまいます。つい心のどこかで、大成功する起業アイデアを探し続けてしまうのです。これは、偏差値30から、努力もせずにアイデア勝負で、東大合格を目指してしまうようなものです。
しかし、現実には、そのようなアイデアを思いつくことはほとんどありません。

実際に起業して大成功しているほとんどの起業家は、最初から大成功しているわけではありません。最初は泥臭く営業しながら売上と利益を稼ぎ、そこで生まれたお金で新規事業に投資し続け、たまに大ヒットを生み出しているわけです。

「起業アイデアが見つからない……」と思い込んでしまう場合の対処法は、2つです。

1つ目は、**起業の目的・ゴールを見つめ直す**ことです。

おそらく実際は、あなたも孫さんや三木谷さんのような起業家になることを目的・ゴールとしているのではなく、まずは会社を辞めて独立し、月に30万〜50万円稼ぎたいくらいではないでしょうか?

仮にそうだとすると、カッコイイ起業アイデアを探す必要はないわけです。目的・ゴールを達成できるものであれば取り組むと決めて、起業アイデアを探していきましょう。

2つ目は、**短期目標と中長期目標を切り分ける**ことです。

中長期目標としては孫さんや三木谷さんのような規模の事業を作りたいとしても、大きな事業を本当に作っていくのであれば、それだけの資金調達能力や事業経営能力が身についていることが大前提です。

中長期的に大きな事業に挑戦したいのであれば、まずは短期目標としていつまでにどれくらいの事業を作るのか、その目標を切り分けて整理しましょう。そうすれば、最初の一歩を踏み出しやすくなります。

挫折ポイント2 営業検証ができない

会社員として営業経験がある方であれば、営業検証に踏み出すことに抵抗は少ないかと思います。一方で、公務員や医療関係の方など、営業経験がない方が起業に挑戦しようとした場合、「営業できない……」という壁にぶつかることが多いです。

知らない人にいきなり声をかけて不審がられないか……

断られたらどうしよう……

怒られたらどうしよう……

連絡をして本当にいいのか……

このように、いろいろな不安が高まってしまい、行動がまったくできないのです。

よく聞くのは、「営業電話なんて迷惑だから、絶対に怒られる……」という声です。でも現実には、営業電話がかかってくることを喜んでいる人もいます。

例えば、私自身も経営者の1人ですが、私の会社にも営業電話や営業メールが毎日大量にきます。私にとっては、営業電話や営業メールはありがたい情報源の1つでもあるため、基本的にはすべて確認するようにしています。自分が気づいていない課題を気づかせてくれることもありますし、自分が調べることもできていない解決策に対して的確な提案を頂けることもあるからです。

つまり、営業の電話やメールを頂くことで、課題解決に向けた思考やリサーチをアウトソースしているわけです。実際に、営業電話からそのまま15分しゃべって、その電話だけで100万円の発注を決断したこともありました。

おそらく、できない方にとっては、それでも「嫌がる人もいるから……」と、踏み出せないのではないでしょうか？

この場合の解決策も２つです。

１つ目は、**待ちの営業に切り替える**ことです。

事業モデル自体、こちら側からの営業活動が必要な事業を選ばず、お客さまに来店頂くような事業や、お客さまから問い合わせを獲得した上でご提案するような事業を選ぶことです。

また、営業が必要な事業を選んでしまったとしても、お金がかけられるのであれば、営業のハードルをお金で解決することも可能です。広告に投資をしてみたり、営業代行会社に依頼してみることで、事業を前に進められるようになります。

２つ目は、**営業経験がある仲間と一緒にやる**ことです。

１人だと不安なことも、複数人だとハードルが下がって動けることがあります。過去、営業活動が停滞して悩んでいた公務員出身の起業家も、営業経験がある他起業家とともに事業を進めるようにしたことで、事業が前進するようになりました。

挫折ポイント3

ネガティブな意見に流される

どれだけ素晴らしいビジネスであっても100人中100人が買ってくれる商品は存在しません。第1章でも述べましたが、大ヒットしているように見えるiPhoneですら、2人に1人は断られているわけです。

そんな事実を頭では理解していても、検証を進める過程で「こんないらないもの持ってくるな」など言われようものなら、精神的なダメージを受けてしまう方が多いのです。仮にネガティブなコメントを言ってくる人が、まったくあなたのターゲット顧客とは関係がない人であったとしても、です。

ネガティブなコメントに流されないための一番の対策は、**とにかく1人でもいいので評価頂けるお客さまを早く見つける**ことです。

10人いたお客さまが11人になったとしても、そこまで精神的に大きな変化は生まれません。しかし、0人だった状態が1人に変わると、世界が大きく変わります。

あなたを信じてついてきてくれる方が生まれることで、あなたの**事業に対する自信がガラッと変わる**のです。

加えて、**周りからの評価も変わります。**

例えば、私が創業して口座を作ろうと銀行を訪問したとき、私のお客さまは0人だったので、窓口担当者の表情は話を聞いているのかわからないくらいの反応でした。しかし、1人お申し込みを頂いて銀行を訪問すると、「お金払ってくださる方、いるんですね！それはすごい！」と手のひらを返したように反応が変わりました。

周囲からの見られ方が変わることで、あなたの自信レベルも飛躍的に上がります。結果、うまくいかないことが続いても、挑戦を続けられるようになるのです。

挫折ポイント4　膨大なやるべきこと、考えるべきことを前に動きが止まる

全体を通じて一番多い挫折ポイントは、膨大なやるべきこと、考えるべきことを前に、

動きが止まってしまうことです。

起業に向けた行動ステップを整理してきましたが、おそらく、具体的な行動に落とし込んでみると、やるべきことが膨大に膨れ上がってくると思います。

また、会社の仕事と違って推進の難易度を上げてしまうのが、**「判断業務」が多い**ことです。やるべきことが決まっていれば、粛々と作業的に進めていけばいいのですが、起業活動というのは何をやって何をやらないのかの判断を、すべて自分で行う必要があるのです。

例えば、広告に投資をするのかしないのか、この判断をするためには何をどれくらいリサーチすればいいのかなど。

特に、お金を使う判断になってくると悩む方が多く、つい意思決定を先送りにしてしまい、行動が止まってしまうのです。

また、起業の難しいところは、行動や思考が止まってしまったとしても、会社の上司のようにその状態を気づかせて動かしてくれる人が存在しないことです。モチベーションの管理など誰もやってくれません。

そんなあなたを動かす方法は2つです。

1つ目は、**お客さまの声を聞き続ける**こと。

実績も信頼もないあなたを信じて、最初に期待をかけてくださったお客さまは、一番の行動・モチベーションの源泉になるはずです。なぜ、あなたを信じてくださったのか、何に価値を感じてくださったのかを丁寧に聞き続けることが、あなたが事業を前進させていく最大の力になります。

2つ目は、**いい情報を家族やSNSに発信し続ける**ことです。

起業する前の段階で、「起業しようかな」と相談したときには、あなたを心配するあまりに反対していた家族も、いざあなたが本当に踏み出して、お客さまから支持頂ける状態になってくると、必ず応援してくれるようになります。

皆、あなたのことを心配して反対していただけですから。

家族やSNSに情報を発信するようになると、周囲から「最近、事業の調子はどうなの？」と声をかけられることが増え、「次のいい情報を報告できるように頑張らなきゃ」という推進力が生まれてきます。周囲の監視の目が、会社組織における上司のような働きを生み出してくれるのです。

特に、伸びている会社や起業家には、人も情報も集まりはじめます。その好循環に一度入りさえすれば、あなた自身も止まれなくなります。止まれない結果、事業が成長していきます。

ぜひ、途中で挫折しないように、短期目標を明確に設定し、とにかく営業検証をはじめ、早い成功体験を積み、進捗を発信していきましょう。

第3章

検証から完全独立へ

1

普通の人が勝ちやすいビジネスや施策とは

■「インターネットを使えば、誰でも顧客獲得ができる」という嘘

あなたは、普通の人が勝ちやすいビジネスや施策というと、どんなものを思いつきますか？

起業を考える方からよく出てくる声が、「今の時代、成長産業であるインターネットを使わないと勝てない」「ＳＮＳやメディアを使って集客しなきゃ」という声です。

そんなあなたは、インターネットを使ってビジネスを試したことはあるでしょうか？ある方であれば、すぐに難易度は想像がつくかと思います。全国・全世界の競合と戦っていくことになるため、競争はとても激しく大変です。

例えば、ラーメン屋さんをはじめようとした場合、店舗ビジネスなんてやっても広がりがないからと、インスタントラーメンを開発してインターネットで全国へ販売していくと、どんな未来が想像できるでしょうか？

独自性のあるインスタントラーメンが開発できたとして、SNSで情報発信をはじめてみた場合、1カ月でいくら売れそうでしょうか？　おそらくゼロ円か、友だちが買ってくれるくらいではないでしょうか？

しかし、ラーメン屋さんを店舗で立ち上げ、近隣の家に新規オープンを告知するクーポン付きチラシを3000枚配ってみると、おそらく売上がゼロになることはないでしょう。少なくとも数人は来店してくれることが想定されます。

その理由は、簡単です。**競合の量**です。

インターネットを使って単純にビジネスを立ち上げてしまうと、意図せず、いきなり全国のラーメン屋さんやメーカーと戦うことになります。競合が膨大なのです。

しかし、**エリアを限定して、プロモーションを打つ場合は、競合の数がグッと減りま**

す。おそらく、チラシを入れたポストに、前後1週間、他のラーメン屋さんが新規オープンのチラシを入れている可能性は限りなくゼロです。つまり競合はゼロになるのです。

エリアを絞りさえすれば、インターネットを使っても競合が激減します。

例えば、インスタグラムで「エリア名×ラーメン屋」のハッシュタグをつけて投稿すると、全国で戦うよりも競合がグッと減ります。

エリアや領域を絞り、チラシなどリアルメディアと組み合わせたマーケティングに取り組むことで、成功体験の積みやすさは飛躍的に変わるのです。

■Google マップにアカウント登録

特に地域に根付いたサービスの場合、今、必須で使うべきツールは、Google マップです。

Google や Yahoo! などの検索結果画面で、上位に表示されるようにすることをＳＥＯ

(Search Engine Optimization）と呼びます。

今の時代、多くの人が商品・サービスを探す際に、GoogleかYahoo!で検索して探すため、当然、検索結果画面で上位に表示されるＳＥＯ対策に成功すれば、膨大なお客さまを獲得できるようになります。しかし、多くの会社が上位表示を狙っているため、ほとんどの会社が上位表示を獲得することができずに埋もれていきます。

でも、**地域情報と掛け合わせたGoogleマップであれば、競合が一気に少なくなるので、上位表示を実現できる可能性がグッと高まります。**

過去、埼玉県で自転車出張修理店を開業した方が、チラシを配布してもまったくお客さまを獲得できなかったにもかかわらず、Googleマップに登録してからは1カ月ほどでほぼ毎日問い合わせがくるようになりました。

口コミ情報が溜まれば溜まるほど、さらに流入が増えていきます。

具体的な登録方法は、「**Google ビジネスプロフィール**」で検索すると簡単にわかります。今後、ＳＥＯと同じように競争が激しくなる可能性は想定されますが、地域別で戦えるからこそまだまだ競争が緩いため、ぜひチャレンジしてみてください。

■問い合わせ待ちよりも、営業したほうが売上を作りやすい

インターネットで情報を掲載しているだけで、お客さんが自然に入ってくるほど甘くないのが、大抵の起業の現実です。

「新規顧客数＝接点数×購入率」と捉えた場合、こちら側からアプローチしたほうが接点数を増やしやすいのです。

いくらインターネット上に情報を掲載しても、何人が検索するのかコントロールもできなければ、何人があなたのページをクリックして見てくれるのかもわかりません。しかし、こちら側から連絡すれば、強制的に見てもらうことはできるわけです。

創業当初は誰もあなたの存在を知らないため、効率性を考えるよりも接点数や行動量で勝負したほうが、結果的に早く成功体験に辿り着くことができます。

地域に根づいたサービスであれば、チラシをポスティングしてみたり、駅前で手配りしてみたり、戸別訪問してみたり。

SNSを使うにしても、ただ投稿するだけではなくて、想定顧客のアカウントを見つけて「いいね!」してみたり、フォローしてみたり、DMを送ってみたり。

法人向けのサービスであれば、会社のHPから営業DMを送ってみたり、代表電話に電話してみたり、飛び込み営業で訪問してみたり。

また、購入率についても、同じことが言えます。

チラシやWebページなどで一方的な情報発信だけしても、こちら側から伝えている内容を相手がどんな表情でどう反応しているのか見えないため、改善しようがありません。

しかし、直接コミュニケーションが取れる施策であれば、相手の表情を見ながら表現を調整して提案できるため、商品・サービスを想定顧客に合ったものへと改善しやすくなるのです。

会社で働いていると、毎日何件も営業電話がかかってきますし、営業DMも送られてきます。在宅ワークで家にいても、チラシは毎日投函されますし、1週間に何件かは戸別訪問の営業の方がやってきます。

なぜ、**それだけ人件費がかかる施策がなくならないかというと、それは採算が合うからです。**採算が合わない赤字の施策であれば、すべての会社がやめているはずです。

実際、私も、前職リクルートで新規開拓営業を担当していたときは、毎日100件以上の電話かけと、30件の飛び込み営業は必須業務として取り組んでいました。

「リクルートは嫌いだから電話してくるな」と怒鳴ってくる方ですら、電話を切ったあと、「過去担当者がご迷惑をおかけしたと思って、お詫びにお伺いしました」と飛び込みで訪問すると、会ってくれることもありました。

直接会話さえできれば、信頼関係がマイナスな状態からはじまっても、相手の表情や感情を踏まえてコミュニケーションが取れるため、信頼関係の再構築や提案が可能になります。

このような**泥臭い地道な営業活動が、結局は売上につながる現実を踏まえ、創業当初は地道な施策を進めていく**ことをオススメします。

■人脈に依存しないほうが売上のコントロールは簡単

インターネットの次によく出てくる施策が、「人脈を使って営業したほうが早い」というものです。

当然、創業当初は、信頼も実績もゼロからはじまります。会社やサービスへの信頼がなくとも、あなたを信頼してくれている方であれば話を聞いてくれやすいし、購入してくれる可能性も、協力してくれる可能性も高いでしょう。

ですから、人脈があるのであれば、即巻き込んだほうがいいとは思います。

しかし、仮にあなたが数回会ったくらいの知人から、「今度、起業することになりました。新しい商品・サービスを考えたので、ご検討お願いします」と言われたらどうでしょうか？　断りづらいものを押し売りされそうだと感じませんか？

人脈として「使おう」と思われる側の立場に立つと、知人からのお願い営業は不愉快に

思われることもあり、信頼関係が崩れる可能性があります。そのため、あなたが本当にその知人の方にとって価値を届けられると信じられる場合や、間違いなくお役に立てる場合にのみ、どんどん巻き込んでいきましょう。

一般的には、「あなたが考えた商品・サービスのベストな顧客ターゲットが、たまたまあなたの周囲にいる方ばかり」という状態は、なかなか多くありません。

であれば、**人脈に依存せず、想定される顧客ターゲットへ営業活動やプロモーションを行っていく**ほうが、結果的に売上をうまくコントロールできるようになります。

■継続的な事業にするには、広告宣伝費がかかる前提の客単価・収益構造設計を

こんな泥臭い施策ばかり提案していると、「そんな施策で再現性がある事業になるの？」という疑問を持たれる方もいるかと思います。また、「私は、経営者になりたいわけで、泥臭い営業を自分でずっとやりたいわけではない」という方もいるかもしれません。

誤解して欲しくないのは、泥臭いことをやり続けることがベストだと考えて紹介してい

るわけではないということです。あくまで、「はじめて立ち上げる事業にあまりお金をかけられない」という方が多いと想定した上で、お金をかけずに売上を生み出せる方法として、泥臭い施策を多めに紹介しているだけです。

あなたがお金をガンガン投資できるのであれば、広告宣伝費を最初からかけたり、営業担当を採用して進めていくほうが早いですし、よりよい選択だと思います。私が創業したときも、100万円程だけですが、広告宣伝費にお金を使って検証を進めていました。ただ、当然広告にも、人の採用にもお金がかかります。初期投資を少しでも減らして起業するには、最初はすべて自分でやるのがいいのでは、という提案でした。

一方で、起業家であるあなたが泥臭い作業をやり続けている限り、当然、会社は成長しません。

継続的な事業にしていくためには、頑張っているからお金をかけずにできている顧客獲得に、販促費などのコストをかける必要があります。客単価や収益構造についてはその前提で、設計しておきましょう。

2 ほとんどの事業は、5万円あれば検証できる

起業準備をはじめるにあたり、「まずは起業資金を貯めなきゃ」と言う方がいますが、最初にやるべきことは、「起業資金を貯めなきゃ」ではありません。検証です。しかも、ほとんどの検証には、実際にはあまりお金はかかりません。5万円以内でできます。

「仲間を集めなきゃ」でもありません。売上もなく人件費も払えない段階で、仲間を集めたところでコスト倒れしてしまうだけです。

創業時はコストを切り詰め、最低でも3000万円程度の売上が達成できるまでは、1人ですべてをやる前提で進めていきましょう。仲間集めは、そこからで問題ありません。

ここでは、第2章で述べた「検証」について、より具体的に説明します。

多くの方が、検証の方法がわからないがために、無駄に多額のお金をいきなり注ぎ込んではじめようとしてしまいます。

具体例を知っていれば解決することも多いため、いくつか事例を紹介しておきたいと思います。

事例1 店舗ビジネスなら、間借りでスタート

飲食、アパレル、小売、ワークショップなどをやりたいのなら、スペースマーケット、ショップカウンターなどで間借りのスペースを借りてくれれば、数万円前半からはじめられます。

しかし、立地が大事なビジネスにおいて、いい立地は競合との奪い合いです。

以前、受講生が、ある駅の目の前に空き物件が出たので出店しようと申し込みをしたところ、同じ物件に他12社から申し込みが入っていたということでした。それでも、その受

講生は、物件オーナーの住所を調べて訪問し、創業の思いと事業計画をプレゼンすることで、大企業含む他の申込者を抑えて物件を借りることができました。

勝ち残る起業家が、それくらいの努力をして物件を探し続けている中で、当然、インターネットのプラットフォームに載っている物件に、それほどいい立地の物件は残っていません。

本当に立地が大事なビジネスにおいては、あなたが出店したい場所に存在する物件のオーナーに直接ご挨拶に行き、何度も通って、期間限定で場所を貸して頂けないか相談していきましょう。

実際、何度も通って信頼関係を築いたことで、自由が丘駅という人気駅の目の前の立地で、間借りすることに成功し、検証をスタートした方もいました。

信頼関係が構築できれば、いい立地に間借りすることも可能です。

事例2 店舗が無理でも、出張○○、○○デリバリーでスタート

いい場所が借りられなくても、諦める必要はありません。出張型サービスとして構築することで、プロモーション用のチラシ印刷代程度で検証をスタートすることが可能です。

飲食系でも、キッチンだけ借りることができれば、Uber Eatsや出前館、Woltなどを使って、デリバリーで検証をはじめることも可能です。

エステやマッサージ、洗車、自転車修理、トリマーなどは、お伺いできる範囲にチラシを配布して問い合わせを獲得し、出張サービスとしてスタートされた方もいます。また、お豆腐屋さんや石焼き芋屋さん、廃品回収業者さんのように、スピーカーでお店の存在を伝えた上で、車の移動販売で小売業の検証をされている方もいます。

場所がない、お客さんが来ないなら、こちら側から出向いて行きましょう。

事例3 教育サービスは、オンラインか、自宅開業か、家庭教師型でスタート

教育サービスも、手っ取り早くはじめられそうということで、オンラインスクールをまず考える方が多いのではないでしょうか？

ただ、**教育サービスで起業される方を見ていると、オンラインスクールではじめた方よりも、自宅開業ではじめた方のほうがうまくいっている確率は高いです。**

その理由は、競合の量です。あなたが全国の競合と比較して、何かの切り口でオンリーワンかナンバーワンの価値を設計できる方であれば、ナンバーワンしか生き残らないオンラインの世界でも勝てると思います。ただ、ほとんどの方にとっては難しいのではないでしょうか？

しかし、商圏さえ限定してしまえば、一気に競合は減ります。お客さまが徒歩や自転車で通ってくるのであれば、半径1キロ以内か広くても2キロ以内が商圏です。その範囲内にどれだけの競合他社があるでしょうか？

もし、競合が少ないのであれば、自宅での開業か、あなたが直接訪問する形の家庭教師型でスタートすることをオススメします。

事例4 商品販売は、手作りからはじめ、メルカリや店頭販売でスタート

自分で物を開発し、物販をやりたい場合は、まずは手作りからはじめましょう。**食べ物系であれば、間借り店舗やポップアップストアから販売を開始し、それ以外であれば、意外とメルカリで売れていきます。**

これらの検証で一定量売れることがわかってきたら、その商品を製造してくれるOEM工場をインターネットで検索して探し、量産に移っていきましょう。

過去の受講生でも、食品やサプリメント、ドリンクなどをOEM工場で製造し、販売している方がいますが、いずれの方も、OEM工場に発注する前に、間借り店舗やメルカリなどで販売検証した上で、量産発注を進めています。

事例5　法人向けＩＴサービスを作るなら、まずは業務アウトソーシングの営業から

ＩＴ起業と言えば、SaaSのような月額課金型の業務改善システムを考える方も多いのではないでしょうか？　しかし、企業の業務フローやシステムの使われ方や課題を正確に理解していない段階で作ったとしても、まったく売れずに終わってしまう可能性が高いです。

本当にシステムを導入して業務改善を行いたいと考える企業が存在するのであれば、業務アウトソーシングや業務改善システム受託開発の営業を行っても売れるはずです。まずは、**アウトソーシングか受託開発の営業を行ってみて、複数の企業に納品するところからはじめていきましょう。**あなたに開発力がなくても、企画提案さえできるのであれば、外部のシステム会社に依頼して納品できるようにします。

複数の企業に納品を進めることで、あなたの中でも業務フローや作るべきシステムの型が整理され、自ずとSaaS開発が進んでいくはずです。

事例6 法人向けサービスを進めるなら、ただ新規営業するだけ

法人向けのサービスであれば、新規開拓営業をすればいいだけなのでシンプルです。大きく分けると、以下のような選択肢があります。

❶紹介営業

最も成約率が高く、安定的な方法は知人からの紹介です。アポイント取得率も成約率も高くなるため、紹介者がいるのであれば活用すべきだと思います。しかし、紹介を頂ける知人がいないのであれば、次の2つの選択肢をとりましょう。

❷反響営業

広告やSNSマーケティング・SEOなどを通じて問い合わせを獲得した上で、頂いたお問い合わせに対して提案をしていく営業スタイルです。自ら興味を持って問い合わせをしてきているお客さまへの対応となるため、新規開拓営業の経験がない方にとっても、コミュニケーションを取りやすく、難易度が低い営業となります。

しかし、問い合わせの獲得は、難易度が高いことが多いです。特に、法人向けサービスは商品単価が高いが故に、競合他社は広告にそれなりの金額を投資しています。そのため、法人向けサービスで問い合わせを獲得するには、お金と時間がかかることがあります。

予算的に厳しい場合は、次の選択肢をとりましょう。

❸アウトバウンド営業（電話、訪問、メール・問い合わせフォーム）

結果的に安く検証する方法として辿り着くのは、**こちら側から直接接点を持ちにいく方法です。**

こちらから初期接点を持つ方法には、そこまで選択肢の多様性はありません。**電話か、訪問か、メール・問い合わせフォーム**か。

営業経験があってコミュニケーション力が高い方は、電話や訪問という選択肢が相性がいいかと思います。

そうでない方でもできる方法としては、メールや会社HPの問い合わせフォームからの営業です。リストの質と、文面さえ工夫できれば、コミュニケーション能力がなくても、アポイント獲得ができるようになります。営業DMメールをサクサク送っていきましょう。

事例7 Webメディアやアプリを作るならノーコードツールで

ＩＴ系のサービスを作るにも、今時は、プログラミングスキルもお金も不要です。

コンテンツ力で勝負するメディアを立ち上げたいなら、**note**に投稿していくことで、本当にあなたがコンテンツの力で勝てるのかはすぐに検証できます。また、独自の世界観が必要なのであれば、「**Wix**や**WordPress**でサイトを作っていくことでその検証も可能です。

さらに、Webやアプリで、**独自システムを開発して検証したい場合は、「ノーコードアプリ開発」「ノーコードWeb制作」で検索することで、プログラミングスキルなく独自システムを開発できるサービスがたくさん出てきます。**エンジニアを採用したり外注することなく、検証レベルのサービス開発は可能です。

事例8　初期費用が高い許認可事業は、まずは許認可を持った会社からの業務委託で

最後に、「私がやろうとしている事業は、許認可が必要で……」という方は、許認可を持った会社に相談し、その会社の事業を業務委託で任せてもらう形で検証を進めましょう。

過去、不動産事業を立ち上げようとしていた方は、検証期間は知人の不動産会社で新規事業として立ち上げをやらせてもらっていました。自身の会社が立ち上がり、免許を取得した段階で、自社に事業を移管して本格スタートしています。

また、人材系の事業を立ち上げようとされていた方は、indeedで業務委託契約の営業を募集している人材系企業を探して、何社かに応募。面接の中で、自分の事業を立ち上げたい旨を相談し、**売上の○%の歩合を払うことで、その会社の事業として立ち上げさせてもらっていました。**

このようにほとんどの事業は、お金をかけずに小さく検証をスタートする方法が間違いなくあります。できる方法を考えて、検証を進めていきましょう。

検証のスタートさえできれば、あとはどれくらい収益化できるか次第で、あなたの未来は変わってきます。

まずは黒字化できるのかどうか、次にあなたの額面給与の半額程度まで収益化できるかどうかで、判断は変わってくるはずです。

考え抜いた上、やり切っても黒字化できないなら撤退し、起業アイデアから考え直すことになります。しかし、額面給与の半額程度まで収益化できてきたら、次のステップに移行しましょう。

■動き出せば、世界の見え方が変わる

ここまで長々と書いてきましたが、正直な話、本書を読んでくださった方でも、おそらくほとんどの方は、書いてあることを行動に移さないのではないでしょうか？　もしかすると、第2章で記載したワークシートの記入すら実践されない方が多いのではと思いま

す。

ただ、そんな方が、少しでも動き出したいと感じて頂けるように、実践された方が必ず言う言葉をお伝えしておきたいと思います。

それは、

「**動いてみると、世界の見え方が変わった**」

です。

ロールモデルとなる企業や経営者を知るためにインタビューをはじめた方や、事業検証をはじめた方からは、この言葉をしばしば聞くことになります。

ロールモデルを研究しようと、周囲の経営者や自営業者の方に話を聞きにいくと、日常生活の中にどれだけ経営の知見が転がっていたのか、気づくことになります。美容院で髪を切ってもらっている間にも、ただ雑談するのではなく、事業構造についてインタビューすることで膨大な学びを得られることに気づき、商店街で買い物をするときにも店主の方へのインタビューからたくさんの学びが得られることに気づきます。

また、事業検証を進めていくと、会社の看板もない状態から売上を作る難しさを実感することで、勤務先の創業者に対する敬意を改めて持つことができるようになります。

逆にちょっと動いてみて売上がついた経験を積むことで、起業に対する心理的なハードルがグッと下がります。

うまくいこうがいくまいが、多くの学びを得て、物事の見え方がガラッと変わるのです。

成功への道のりが仮に長かったとしても、日常生活において、世界の見え方が変わってくると、ただ漫然と日常生活を送っていたときと比べると飛躍的にインプットの量が増え、成長スピードが上がるのです。

■まずは、今日から1週間以内に、1万円の売上目標を達成することを目指す

何からはじめようか迷う方は、ぜひ、今日から1週間以内に、1万円の売上を作ってみることからはじめてみてください。

丁寧に進めていくには、起業の目的・ゴールを整理したり、ロールモデルを研究したりすることからはじめていくべきだとは思いますが、実際に進めていくと悩ましいポイントも多く、1人で進めていくには大変なことが多いです。

でも、今日から1週間以内に、1万円の売上を作ることに取り組むくらいだといかがでしょうか？　「売上」であって、「利益」でもないため、家の中にあるいらないものをメルカリで売ってみるだけでも大丈夫です。簡単そうな気がしませんか？

それでも現実には、**「1週間以内に、1万円の売上目標を達成する」ことすら、いざチャレンジしてみると、半分の方が達成して、半分の方は達成できません。**

その理由は、「納期通りに」「売上目標を達成」しようとすると、いろんな難しいポイントが出てくるからです。

例えば、何を売ろうかと悩んでいると気づけば1週間などあっという間に経過してしまいますし、仮にいらないものをメルカリに出品してもなかなか売れないことすらあります。単価500円の中古書籍を販売しようものなら20冊売り切ることが必要になりますし、単価が1万円のものなら表現方法次第で売れない可能性も出てきます。手元に売るものがなければ仕入れにも時間がかかります。

たった1万円を1週間以内に作るだけでも、納期管理・行動管理の必要性や、単価と点数をどう設計するかの検討や、販売の工夫のリサーチが必要になるわけです。

これくらいの行動でも、目標を決めて「実践」すればたくさんの学びが得られます。

最後に悩んだ場合は、まずは今日から1週間以内に、1万円の売上目標を達成することからはじめてみてください。

3 退職後に心配な税金や保険の話

最後に、退職にあたって、退職後の税金等の話が気になる方が多いようですので、まとめておきたいと思います。

■会社員の年収額と個人事業主の所得金額は、意味が違う

最初の検証段階では、多くの方が個人事業主として事業を進めていくと思いますので、まずは個人事業主のケースを考えていきます。

そもそも税金は、所得に対して課税されるものですが、会社員の年収と個人事業主の所

得金額は意味が異なります。
仮に会社員の年収額と個人事業主の所得金額が同じであれば、個人事業主の生活のほうが断然豊かになります。

個人事業主の「所得金額」は、売上から経費を引いたものになります。その際、事業を運営していくにあたって自宅をオフィスとして使っている場合であれば、家賃も水道光熱費もインターネット使用料も、事業に使っている割合に従い、**最大5割程度まで経費として計上できます。**さらに、事業運営に使っているのであれば、携帯電話の料金や自動車のガソリン代、車検費用も、はたまた取引先との飲食代なども経費として計上できます。
個人事業主の「所得金額」は、これらを差し引いた上で残るお金を指しています。その金額に課税が行われます。

一方、会社員の場合の年収とは、会社から支給される額面給与の金額そのものを指すことになります。年収から社会保険料や税金を引いた手取りの金額から、家賃や水道光熱費、インターネット使用料などを全額負担していくことになるため、個人事業主と比較してしまうと、実質所得はかなり低めになってしまうということです。

ただ、個人事業主と違って、会社員などの給与所得者は必要経費を差し引くことができない代わりに、「**給与所得控除**」が行われた上で、税額が計算されます。控除金額については、左上の表をご覧ください。

一方の個人事業主についても、最大65万円の「**青色申告特別控除**」という控除がありま す。

従って、例えば、年収４００万円の方であれば、会社員のほうが個人事業主より控除額が59万円ほど多くなります。

税率については、会社員でも個人事業主でも変わりません。

いずれも、所得金額によって所得税の税率は決まります。所得税額については、左下の表を参考にしてください。

この所得税額に住民税の10％が加わった金額が、課税されます。

給与所得控除

給与等の収入金額 （所得の源泉徴収票の支払金額）	給与所得控除額
1,625,000円まで	550,000円
1,625,001円から1,800,000円まで	収入金額×40%-100,000円
1,800,001円から3,600,000円まで	収入金額×30%+80,000円
3,600,001円から6,600,000円まで	収入金額×20%+440,000円
6,600,001円から8,500,000円まで	収入金額×10%+1,100,000円
8,500,001円以上	1,950,000円（上限）

（2023.10月現在　国税庁のHPより）

課税される所得金額（1,000円未満の端数金額を切り捨てたあとの金額）

課税される所得金額	税率	控除額
1,000円から1,949,000円まで	5%	0円
1,950,000円から3,299,000円まで	10%	97,500円
3,300,000円から6,949,000円まで	20%	427,500円
6,950,000円から8,999,000円まで	23%	636,000円
9,000,000円から17,999,000円まで	33%	1,536,000円
18,000,000円から39,999,000円まで	40%	2,796,000円
40,000,000円以上	45%	4,796,000円

（2023.10月現在　国税庁のHPより）

（例）課税される所得金額が 700 万円の場合
700 万円× 0.23 − 63 万 6000 円＝ 97 万 4000 円

先ほど出てきた年収400万円の方であれば、支払う税額は、個人事業主のほうが11万円ほど多くなるわけです。

■会社員と個人事業主の社会保険の違い

社会保険は、病気や怪我、介護などさまざまな原因で働けなくなったときに備えるための仕組みですが、組織に勤めている人と個人事業主では、社会保険が変わります。

民間企業に勤めている人とその家族は健康保険組合や協会けんぽに、公務員やその家族は共済組合に加入する仕組みとなっています。

一方の個人事業主は、国民健康保険への加入となります。

健康保険と国民健康保険の大きな違いは3点です。

1つ目は、健康保険の場合、保険料を会社と本人が折半して負担し、納付していますが、**国民健康保険の保険料は全額自己負担**となります。

2つ目は、健康保険の場合、要件を満たした扶養家族がいるとき、扶養人数にかかわらず保険料が決まっていますが、**国民健康保険の場合、原則扶養されている人それぞれの保険料が計算されて世帯主から徴収**されます。

3つ目は、健康保険の場合、毎月の給与等の金額から保険料が算出されますが、**国民健康保険の場合は前年の世帯の所得から保険料が算出**されます。起業・独立した初年度は、会社員だった前年の所得を基に保険料が計算されるため、収益化ができていない場合については、保険料の負担が大きいと感じる可能性があります。

次に、年金についてです。民間企業に勤める方や公務員の方は主に厚生年金に加入しており、個人事業主は国民年金への加入となります。

厚生年金と国民年金に関する大きな違いは2点です。

1つ目は、老後に支給される金額の違いです。厚生年金は、国民全員が加入しなければならない国民年金を土台としている制度であるため、国民年金＋厚生年金の二階建ての制度となっています。そのため、最終的に受け取れる金額も二階建ての双方を基にした額となります。一方で、**個人事業主の場合は、国民年金のみ**に加入している場合、受け取れる金額には大きな差が生じることになります。

2つ目は、年金についても、会社員の場合は、保険料を会社と本人が折半して負担し、納付していますが、**個人事業主の場合は全額自己負担**となります。

介護保険については、40歳以上の人すべてが毎月払う仕組みとなっており、これは会社員でも個人事業主でも変わりはありません。

雇用保険・労災保険については、失業や怪我などから労働者を保護するための社会保険制度です。**個人事業主は対象外のため、原則として加入することはできません。**

年収400万円で扶養家族なく1人で生活している場合の実支払額は、厚生年金部分と雇用保険部分がない個人事業主の方が、5万円程度安くなります。ただ、将来の年金支給額の差分について、国民年金基金や確定拠出年金など別のところで補うことを考えておくべきです。

■法人化した場合、役員報酬は設立3カ月以内に決め、途中変更不可

法人化して事業運営を行う場合は、役員報酬として自分の報酬を会社から受け取ることになります。その場合は、会社員と同じ給与所得に該当するため、給与所得控除分に相当する節税の恩恵を受けることが可能となります。

社会保険についても、雇用保険を除くと、会社員と同様、健康保険、厚生年金、介護保険への加入・支払いが必要となるため、基本的には会社員とほぼ変わりません。

法人化して役員報酬を受け取る際の注意点は、役員報酬の金額を設立3カ月以内に決めることが必要になるにもかかわらず、一度決めると、その期中は減額も増額もできないこ

とです。

そのため、**会社設立の段階から、1期目の売上・利益の見通しを予想した上で、赤字にならない程度、利益が出すぎない程度の設定が必要**となります。

役員報酬を高めに設定しすぎて、会社が赤字になってしまった場合には、2つのリスクが生じます。

1つ目は、もし今後、銀行融資が必要となった際に、「赤字会社」と評価され、銀行からの審査が厳しくなってしまう可能性があることです。

2つ目は、役員報酬として支払わなければ負担が不要であったはずの所得税・住民税が、課税されてしまうことです。

そのため、検証データを基にして、できる限り精緻に事業の見通しを作成した上で、丁寧に役員報酬額を判断していきましょう。

第4章

それでもあなたは、起業しますか？

おそらく、本書をここまで読み進めているあなたは、よほど起業意志が強いのでしょう。では、あなたが、それだけ起業に興味を持つ理由は何でしょうか？

起業に興味があるという方と対話していると、「社会を変えるサービスを作りたい」「収入を増やしたい」「上司の言うことばかり聞きたくない」「好きな場所・好きな時間で働きたい」「社長になりたい」など、起業という選択肢を非常に魅力的に捉えている言葉が語られることが多いです。

しかし、当然、起業はそんなイケてる側面ばかりではありません。収入は減るかもしれませんし、労働時間は増えるかもしれません。お客さまの指示に従う必要があるかもしれませんし、採用や営業に向けた必要性から働く場所も選べないかもしれません。

起業して「失敗した」と感じる9割の方は、起業のキラキラした側面だけを見て憧れ、起業家の現実・当たり前を知りませんでした。淡い期待だけを持って起業すると、「失敗した！　損した！」となってしまいますので、ここでは起業家の当たり前を確認していければと思います。

起業家の当たり前1

起業アイデアの9割は失敗する

「世にない新しい価値を生み出したい」

「歴史に名を残したい」

そんな思いで、新しいサービスを立ち上げても、起業アイデアの9割は失敗します。

当たり前ですが、世界には80億の人がいて、日本だけでも1・2億人いるわけです。過去の歴史まで加えると、何百億人が、世界中で「こんな新しい商品・サービスがあったらいいのでは」と、仮説検証を繰り返してきたのです。

その中でも成り立たなかったものというのは、技術的な理由で実現ができなかったものか、もしくは必要とされなかったものの可能性が高いわけです。

そんな現実を踏まえると、「9割が失敗する」というのも、甘いのではないでしょうか？　完全に新しいアイデアばかり追求していくと、99・9%失敗するのが現実かもしれません。

アメリカだけでもスタートアップと呼ばれるITテクノロジー企業は7万社以上あり、その中で企業価値10億ドルを超える企業は500社程。100億ドルを超える企業は30社程しかありません。100億ドルを超える企業で考えると、1000人に1人ですらなく、2000~3000人に1人という確率のようです。

それだけ確率が低い中で成功した人は、GoogleやFacebookのように世界を席巻する事業となり、歴史に名を残すことにもなるのでしょう。

しかし、1人で1つの事業を立ち上げるだけであれば、あなたが成功する確率は0・1%だったとしても、**あなた1人で100個の事業を立ち上げていれば、あなたが成功する確率は約10%にまで引き上がります。** つまり、999回失敗し続けても、挑戦を続けさえすれば、成功する可能性が飛躍的に高まります。それが、起業家の当たり前です。

あなたは、999回起業に失敗し続けても、行動を止めずに突き進めますか？

起業家の当たり前2

一見、真似したくない企業の中に、儲かる事業がある

新しい価値を生み出すイノベーティブな起業を考える場合、成功確率が低くなるということは先ほど述べました。

しかし、逆に、成功確率が高い起業アイデアがあるのも事実です。

例えば、需要が存在することや、売れることがすでに証明された商品・サービスを広げることに注力したビジネスです。わかりやすい例だと、フランチャイズ加盟による起業や営業代理店ビジネスです。

起業相談に乗っていると、「フランチャイズや営業代理店というのは、サラリーマンと変わらない印象で、カッコよくないのでやりたくない」という声を頂くことがあります。

ただ、現実の世界では、保険の代理店などで一生懸命営業推進を行い、年収数千万円稼いでいる人はたくさんいますし、複数のフランチャイズビジネスを展開して年収数千万円稼ぐ人もいます。

カッコイイ「新しい価値の創造」よりも、泥臭く頑張る起業アイデアの中に、成功確率

高く稼げるビジネスが実はたくさんあるのです。

新しい価値を生み出すための仮説検証にも当然お金が必要です。リアルな起業家は、泥臭いビジネスでお金を稼ぎながら、そのお金を新しい価値を生み出す新規事業開発に投資し続けています。そして、そこからごくたまにヒットを生み出している方が多いのです。

あなたは、新しい価値を生み出すことなく、泥臭く稼ぐ社長業でもやりたいと思いますか？

起業家の当たり前3

起業すると、働く時間は増える

起業を考える方から、「楽して稼ぎたい」という声を頂くことが多々あります。

では、起業家は「楽に」稼いでいるのでしょうか？

事実データとして、起業する前後で平均業務時間がどう変わったかを調べてみると、**週の平均業務時間は4時間増えていました。**

労働者は法律で労働時間が管理されている一方で、経営者の労働時間を守る法律はありません。また、創業当初は役割分担をする仲間もおらず、すべてを自分でやる必要があります。現実の起業は、そう甘いものではないようです。

あなたは、仮に労働時間が増えたとしても、起業したいと思えますか？

起業家の当たり前4

平均月収は起業しても増えない

起業前後の平均収入がどう変わったかを調べてみました。

すると、月給50万円以上の人の比率は、会社員25・8％から、自営業29・7％と増加していました。しかし、月給の平均値は、起業前後でほとんど変わっていませんでした。また、月給19万円以下の人の比率も、会社員16・3％から、自営業21・3％と増加していました。

つまり、**「稼げる人がもっと稼げるようになり、稼げない人はもっと稼げなくなっている」**のです。「起業家は稼げる」のではなく、「実力相応の収入」になるだけです。

あなたは、完全実力主義の世界で、自分の実力をマーケットに問う自信はありますか？

起業家の当たり前5

停滞・休憩・時間の経過＝コスト

会社で働いていると、仕事をしていてもしていなくても、大きな問題を起こさない限り、勝手に給与が振り込まれていきます。

タイムイズマネー。時間の経過がお金を生み出してくれるのです。

しかし起業してしまうと、仕事をしていない時間には、生活費などのコストは発生しますが、売上は増えません。つまり、停滞・休憩がイコールコスト発生になるのです。

まさに、タイムイズマネーですが、意味は変わります。

起業家の場合、時間の経過が支出でありコストなのです。

売上を上げることなく事業を停滞させてしまうと、事業運営コストや自身の生活費などの支出だけ増えていき、早々に破綻してしまいます。

あなたは、起業家の「タイムイズマネー」の現実を直視して、動き続けられますか？

起業家の当たり前6

売上計上＆契約書回収＝手元の現金＆料金回収完了ではない

会社組織で働いていると、経理や財務で働いていない限り、現金の管理まで取り組んでいないことが多いのではないでしょうか？

しかし、あなたが起業した場合、いくら大型受注を決めて契約書を締結できたとしても、どれだけ発注書をもらってきても、**現金を回収しない限り手元にお金は入ってきません。**特に納品後の後払いビジネスの場合は、要注意です。現実世界には、想像以上にお金を払わない人・企業が存在します。

会社で働いていると、経理がやってくれていた料金回収も、起業すればあなたの仕事になります。お金を払ってくれないお客さまに対して簡易訴訟を起こして、債権が仮に確定したとしても、差し押さえをして回収するほどのコストはかけられない現実もあります。

現金を即もらえる店舗ビジネスだったとしても、お金を持ち逃げされるリスクや万引きリスクも抱えています。このようなお金を払わない方々とも向き合って、お金の回収までやり切ることが、起業家の仕事としては必須なのです。

あなたは、お客さまに「金払え」と言い続けることはできますか?

起業家の当たり前7

うざい上司が消える分、決断する不安が増える

「上司がうざい。いちいち承認を得て仕事を進めるのが嫌」

起業する理由で、そんなことを言う方もいます。

確かに私も、そんなことを考えたこともありました。しかし、いざ独立してみると、うざかったはずの上司が貴重な存在だったと、すぐに気づきました。

仮に自分の判断が正しいかわからず、悩むことがあったとしても、誰からも本気のフィードバックは得られません。外部の人があれこれ言ったとしても、あなたの人生・あなたの会社に100%の責任を持って考え抜く人は、あなた以外いなくなります。

また、会社組織である程度の期間働いていると、自分で判断して仕事を進めているような気になってきますが、所詮は自分の裁量権の範囲内での話です。大枠の方針は上司が決めてくれていて、それを軸に次は何をすべきか考えていただけです。

しかし、起業すると、何を目指すのか、何をやるのか、予算はいくらまで使っていいのか、どれくらいの規模を目指すのかなど、すべてを自分で決める必要があります。

「すべて自分で決めていい」というのは、「自分が決めない限り、何も決まらず、何も進まない」ことを意味します。しかも、それぞれの正解もわからず、あなた以上に真剣に考え抜いてくれる人がいない現実の中で、決断していく必要が生まれるのです。

あなたは、自分が何をしたいか、何をすべきか、どうすべきか、自分だけで決める覚悟はありますか？

起業家の当たり前8

会社からの情報提供はなくなり、情報源は自分だけに

会社組織で仕事をしていると、競合の情報やマーケットの変化、最新テクノロジーなど、他部署や組織からの情報が気づかないうちに大量にインプットされています。仮に従業員数10人程度の零細企業であっても、1人で仕事をしていると得られない10倍の情報量がインプットされているのです。

しかし、**会社を辞めた瞬間から、その情報源は途切れます。**前職の仲間と定期的に飲みに行ったとしても、所詮、外部者の立場に変わる以上、情報量は極端に減ります。

自ら情報を取りに行き、自ら成長環境を作っていかない限り、あなたを育ててくれる人は誰もいなくなります。

あなたは、自力で情報を集め、自分自身を成長させ続けられますか？

起業家の当たり前9

営業で聞かされる「実績がないから……」という断り文句

会社で新規事業を立ち上げていると、仮に事業としての実績がなかったとしても、会社としての信頼があるからこそ、初期のお客さまがついてくださることがあったかもしれません。また他事業部の既存顧客に営業することで、新規事業が立ち上がることもあったでしょう。

しかし、起業・独立していくと、会社としての信頼・実績もゼロになります。

創業したばかりの会社に実績がないのは当たり前とは言え、実際に営業してみると、想像以上に**「実績がないから」「信頼できない」「怪しい」と言われ断られることが多発します。**

実績がない状態で、実績のなさを覆す方法は、お金を頂かずに実績を作りにいくか、もしくは、実績がなくても発注してみたいとお客さまに思われるロジックと共感を生み出すしかありません。

あなたは、実績がなくてもあなたにかけてみたいと思われるロジックと共感を構築できますか？

起業家の当たり前10

住宅ローンの金利は高くなる

最後、いきなり現実的な話になりますが、あなたには家がありますか？

会社を辞めた瞬間に、会社が提供してくれていた、あなた個人への信頼はなくなります。だから、新たに家に住もうとすると、賃貸でも、購入でも、多少の不都合が生じる可能性は生まれます。

仮に賃貸物件であっても、創業したばかりで所得も安定していない経営者に対しては、家を貸したくない不動産オーナーも一定数います。

私は、創業時、所有していたマンションを売却して起業資金にあて、賃貸物件に引っ越しました。すると、賃貸物件を紹介してくれた不動産仲介会社からは、「退職して創業したとなると審査落ちになる可能性が高いので、まだ前職にいる前提で書類を提出してくれ」と言われました。その際、かろうじて前職の有給消化中だったため、前職の名前で審査書類を提出することができました。

その後、会社の資金調達に成功し、自身に給与は払えるようになりましたが、マンションを買おうとしたときも同じ問題が生じました。

住宅ローン審査の際は、会社の3期分の決算資料が求められます。私の会社の場合、3期目ではじめて黒字化し、5〜7期目ではじめて3期連続黒字になりました。そのため、6期目の段階でマンションを購入した際は、会社員の方が使うような金利が安い住宅ローンでは審査が通過できず、経営者用の高い金利の住宅ローンを利用することになりました。

最近、新しい家を購入した際は、会社員と同じ程度の金利で借りることができるようになりましたが、**黒字の実績を3期以上積み上げていかない限り、いくら前職でいい会社に勤めていたとしても、金融機関からの信頼は得られません。**

あなたは、所有・賃貸問わず、住める家はありますか？

おわりに
――どうせ未来は不確かならば、自分で未来を選びとれる立場へ

私も起業・独立して、10年が経過しました。

この10年間、客観的な出来事だけ振り返ると、創業当初から10社を超える上場企業や投資家から資金調達を頂くことができ、直近5年だけでも売上は4倍、営業利益は8倍に成長。途中、会社の売却にも成功しながら、2社目の起業にも挑戦できました。

しかし、心の中はずっと不安だらけでした。

創業して数年、赤字が続き、住宅ローンも借りられない状態で、黒字化したくとも売上は伸びませんでした。新規事業にいくら挑戦しても、ヒットがまったく生まれなかったのです。

その過程で、役員が従業員とともに抜けていくこともありました。さらには、コロナ禍になり、対面授業も停止になって、事業を停止するのかオンライン授業へシフトするのかについて従業員と新たな対立も生じました。

未来がどうなるかわからない中で、問題解決自体にも手こずり、ようやく問題を解決したと思ったらまた次の問題が発生し、また解決したらまた次の問題が発生する連続。安泰な日々など一瞬もありませんでした。

そんな日々の不安を解消するため、株主体制を強化したり、経営陣を強化したり、いろんなことを試してみましたが、不安がなくなることは一切ありません。心の中は、常に孤独でした。

不安や孤独感がなくならなかった理由は、起業家が、未来が不確かな中で、どう進むのか「意思決定」をしなければならない立場にあるからです。

意思決定に関して議論を行うメンバーを増やしたところで、あくまで議論相手に過ぎず、最後に意思決定するのは社長なのです。その意思決定には責任が伴うため、不安がなくなることはありませんでした。

起業家という仕事は、ずっと不安で孤独な仕事なんだと感じています。

しかし、であれば「会社員に戻れば生活も安定し、不安や孤独から解消されて仕事ができる」のではと考えてみても、本来、そんなことはないわけです。

おそらくあなたが働いている会社の社長も、未来は安泰だなどと感じているはずもなく、未来がわからない中でどう未来を作っていくのかを考え抜き、不安と戦いながら意思決定を繰り返しているはずです。

どんな会社で働いたとしても、未来が不確かである以上、「安定」など存在しません。仮に会社員に戻ったとして、得られるものは、ただ「未来が不確かである」という現実から目を背け、「意思決定」から逃げられることだけです。辛い役割、責任を社長に押しつけることができるだけなのです。

起業しても、会社員でいても、どうせ未来は不確かで安心など存在しないのであれば、自分で意思決定をする立場にいたほうが、少しでもいい未来を選び取れる可能性があると思いませんか。

私は、10年経って、そのように思い至りました。

もし、「会社員の安定性はなかなか捨てられない」などと考えている方がいれば、「その安定性と感じているものは幻想であり、ただ『未来は不確かである』現実から目を背け、意思決定から逃れているだけだ」とお伝えしたいです。未来は、自ら選び取ったほうが、間違いなくいい方向に変えていけます。

意思決定は、不安と孤独との戦いです。だからこそ、しっかり準備をして、進めていきましょう。

最後に、本書の出版機会を作ってくださった、かんき出版の久松圭祐氏には、本当に感謝しています。また、これまで、起業の学校WILLFUをともに作り上げてきてくださったすべての関係者の皆さま、現役受講生へ刺激を届け続けてくださる卒業生の皆さま、休日の執筆活動を支えてくれた妻と娘、その他お力添え頂いたすべての皆さまへ、感謝の気持ちをお伝えし、最後にさせて頂きます。本当にありがとうございます。

黒石健太郎

【著者紹介】

黒石　健太郎（くろいし・けんたろう）

◉——株式会社ハワーズ 代表取締役社長。岡山県生まれ。東京大学法学部卒後、株式会社リクルート入社。採用・育成・社内活性コンサルティング等の営業・新規事業の事業企画、立ち上げに従事。

◉——2013年6月に、起業の学校 WILLFUを運営する株式会社ウィルフを設立。サイバーエージェント主催アントレプレナーイノベーションキャンプ優勝後、サイバーエージェント藤田晋氏/Mistletoe孫泰蔵氏/ベネッセグループ創業家福武英明氏/East Ventures/LIFULL/クックパッドなどから資金調達を行い、事業を拡大。2018年9月には、国立大学法人金沢大学特任准教授に就任。2021年4月にウィルフ全株式を株式会社アントレへ売却。2022年には株式会社ハワーズを設立し、中小企業の利益成長支援に強いインターネット広告代理業をスタート。現在、起業の学校の受講生は4,000名を突破。

◉——著書に『渋谷で教える起業先生！』（毎日新聞出版）がある。

成功確率《せいこうかくりつ》が格段《かくだん》に上《あ》がる起業《きぎょう》の準備《じゅんび》

2023年11月6日　第1刷発行
2024年10月17日　第3刷発行

著　者——黒石　健太郎
発行者——齊藤　龍男
発行所——株式会社かんき出版
東京都千代田区麴町4-1-4 西脇ビル　〒102-0083
電話　営業部：03(3262)8011㈹　編集部：03(3262)8012㈹
FAX　03(3234)4421　振替　00100-2-62304
https://kanki-pub.co.jp/

印刷所——TOPPANクロレ株式会社

ISBN978-4-7612-7698-0 C0034